HISTOIRE

D'UNE

GRECQUE MODERNE.

PREMIERE PARTIE.

HISTOIRE

D'UNE

GRECQUE MODERNE.

PREMIERE PARTIE.

A AMSTERDAM,
Chez FRANÇOIS DESBORDES,
près la Bourse.

M. CC. XL.

AVERTISSEMENT.

CETTE Histoire n'a pas besoin de Préface; mais l'usage en demande une à la tête d'un Livre. Celle-ci ne servira qu'à déclarer au Lecteur qu'on ne lui promet, pour l'Ouvrage qu'on lui présente, ni clef des noms, ni éclaircissement sur les faits; ni le moindre avis qui puisse lui faire comprendre ou deviner ce qu'il n'entendra

AVERTISSEMENT.

point par ses propres lumiéres. Le Manuscrit s'est trouvé parmi les papiers d'un homme connu dans le monde. On a tâché de le revêtir d'un style supportable ; sans rien changer à la simplicité du récit, ni à la force des sentimens. Avec la tendresse, tout y respire l'honneur & la vertu. Qu'il parte sous de si bons auspices, & qu'il ne doive son succès qu'à lui-même.

AVERTISSEMENT. iij

On a retranché un étalage d'érudition Turque, qui auroit appefanti la narration, & l'on a rendu par des termes François tous les noms étrangers qui pouvoient recevoir ce changement. Ainfi l'on a mis *Sérail* au lieu de *Harem*, quoiqu'on n'ignore point que Harem eft le nom des Sérails particuliers, *Marché* au lieu de *Bazar*, &c. C'eft en faveur de ceux qui ne

AVERTISSEMENT.

sont point familiarisés avec les Relations du Levant ; car il y a peu de ces Ouvrages où l'on ne trouve l'explication de tous ces termes.

HISTOIRE
D'UNE
GRECQUE MODERNE.

LIVRE PREMIER.

NE me rendrai-je point suspect par l'aveu qui va faire mon Exorde ? Je suis l'Amant de la belle Grecque dont j'entreprens l'Histoire. Qui me croira sincére dans le récit de mes plaisirs ou de mes peines ? Qui ne se défiera point de mes descriptions & de mes éloges ? Une passion violente ne fera-t-elle point changer de nature à tout ce qui va passer par mes yeux ou par mes mains ? En un mot, quelle fidélité attendra-t-on d'une Plume conduite par l'amour ?

Voilà les raisons qui doivent tenir un Lecteur en garde. Mais s'il est éclairé, il jugera tout d'un coup qu'en les déclarant avec cette franchise j'étois sûr d'en effacer bientôt l'impression par un autre aveu. J'ai longtems aimé, je le confesse encore, & peut-être ne suis-je pas aussi libre de ce fatal poison que j'ai réussi à me le persuader. Mais l'amour n'a jamais eu pour moi que des rigueurs. Je n'ai connu ni ses plaisirs, ni même ses illusions, qui dans l'aveuglement où j'étois auroient suffi sans doute pour me tenir lieu d'un bien réel. Je suis un Amant rebuté, trahi même, si je dois m'en fier à des apparences dont j'abandonnerai le jugement à mes Lecteurs ; estimé néanmoins de ce que j'aimois, écouté comme un Pere, respecté comme un Maître, consulté comme un Ami ; mais quel prix pour des sentimens tels que les miens ! Et dans l'amertume qui m'en reste encore, est-ce des louanges trop flatteuses ou des exagérations de sentimens qu'on doit attendre de moi, pour une ingrate qui a fait le tourment continuel de ma vie ?

J'étois employé aux affaires du Roi dans une Cour dont personne n'a connu mieux que moi les usages & les intrigues. L'avantage que j'avois eu en arrivant à Constantinople de sçavoir parfaitement la Langue Turque, m'avoit fait parvenir presque tout d'un coup au point de familiarité & de confiance où la plûpart des Ministres n'arrivent qu'après de longues épreuves ; & la seule singularité de voir un François aussi Turc, si l'on me permet cette expression, que les Habitans naturels du Pays, m'attira dès les premiers jours des caresses & des distinctions dont on ne s'est jamais relâché. Le goût même que j'affectois de marquer pour les coutumes & les mœurs de la Nation, servit encore à redoubler l'inclination qu'on y prit pour moi. On alla jusqu'à s'imaginer que je ne pouvois avoir tant de ressemblance avec les Turcs sans être bien disposé pour leur Religion ; & cette idée, achevant de me les attacher par l'estime, je me trouvai aussi libre & aussi familier dans une Ville où j'avois à peine vécu deux mois, que dans le lieu de ma naiſſance.

Les occupations de mon Emploi me laiſſoient tant de liberté pour me répandre au-dehors, que je m'attachai d'abord à tirer de cette facilité tout le fruit qui convenoit à la curioſité que j'avois de m'inſtruire. J'étois d'ailleurs dans un âge où le goût du plaiſir s'accorde encore avec celui des affaires ſérieuſes, & mon projet, en faiſant le voyage d'Aſie, avoit été de me partager entre ces deux inclinations. Les divertiſſemens des Turcs ne me parurent point ſi étranges que je n'eſpéraſſe d'y être bientôt auſſi ſenſible qu'eux. Ma ſeule crainte fut de trouver moins facilement à ſatisfaire le penchant que j'avois pour les femmes. La contrainte où elles ſont retenues, & la difficulté qu'on trouve même à les voir m'avoit déja fait former le deſſein de réprimer cette partie de mes inclinations, & de préférer une vie tranquille à des plaiſirs ſi pénibles.

Cepedant, je me trouvois en

liaison avec les Seigneurs Turcs qui avoient la réputation d'être les plus délicats dans le choix de leurs femmes, & les plus magnifiques dans leur Sérail. Ils m'avoient traité vingt fois dans leurs Palais avec autant de caresses que de distinction. J'admirois qu'au milieu de nos entretiens ils ne mêlassent jamais les objets de leur galanterie, & que leurs discours les plus enjoués ne roulassent que sur la bonne chere, la chasse & les petits événemens de la Cour ou de la Ville qui peuvent servir de matiére à la raillerie. Je me contenois dans la même réserve, & je les plaignois de se retrancher par un excès de jalousie ou par un défaut de goût, le plus agréable sujet qui puisse échauffer une conversation. Mais je pénétrois mal dans leurs vûes. Ils ne pensoient qu'à mettre ma discrétion à l'épreuve; ou plutôt dans l'idée qu'ils avoient du goût des François pour le mérite des femmes, ils s'accordoient comme de concert à me laisser le tems de leur découvrir mes inclinations. Ce fut du moins le jugement qu'ils me donnerent bientôt lieu d'en porter.

Un ancien Bacha, qui jouiſſoit tranquillement des richeſſes qu'il avoit accumulées dans une longue poſſeſſion de ſon Emploi, m'avoit marqué des ſentimens d'eſtime auſquels je m'efforçois de répondre par des témoignages continuels de reconnoiſſance & d'attachement. Sa maiſon m'étoit devenue auſſi familiére que la mienne. J'en connoiſſois tous les appartemens, à l'exception du quartier de ſes femmes, vers lequel j'obſervois même de ne pas jetter les yeux. Il avoit remarqué cette affectation, & ne pouvant douter que je ne connuſſe du moins la ſituation de ſon Sérail, il m'avoit engagé pluſieurs fois à faire quelques tours de promenade avec lui dans ſon jardin, ſur lequel donnoit une partie du Bâtiment. Enfin, me voyant garder un ſilence obſtiné, il me dit en ſouriant qu'il admiroit ma retenue. Vous n'ignorez pas, ajoûta-t-il, que j'ai de belles femmes, & vous n'êtes ni d'un âge ni d'un tempérament qui puiſſe vous inspirer beaucoup d'indifférence pour ce sexe. Je m'étonne que votre curiosité ne vous ait pas fait souhaiter de les voir. Je sçais vos usages, lui répondis-je froidement, & je ne vous proposerai jamais de les violer en ma faveur. Un peu d'expérience du monde, repris-je en le regardant du même air, m'a fait comprendre, en arrivant dans ce Pays, que puisqu'on y apporte tant de précautions à la garde des femmes, la curiosité & l'indiscrétion doivent être les deux vices qu'on y supporte le moins. Pourquoi m'exposerois-je à blesser mes amis par des questions qui pourroient leur déplaire? Il loua beaucoup ma réponse. Et me confessant que divers exemples de la hardiesse des François avoient fort mal disposé les Turcs pour les galans de cette Nation, il n'en parut que plus satisfait de me trouver des sentimens si raisonnables. Sur le champ il m'offrit de m'accorder la vûe de ses femmes. J'acceptai cette faveur sans empressement. Nous entrâmes dans un lieu dont la description est inutile à mon deffein. Mais je fus trop frappé de l'ordre que j'y vis régner pour n'en pas rappeller aifément toutes les circonftances.

Les femmes du Bacha, qui étoient au nombre de vingt-deux, fe trouvoient toutes enfemble dans un fallon deftiné à leurs exercices. Elles étoient occupées féparément, les unes à peindre des fleurs, d'autres à coudre ou à broder, fuivant leurs talens ou leurs inclinations, qu'elles avoient la liberté de fuivre. L'étoffe de leurs robes me parut la même; la couleur du moins en étoit uniforme. Mais leur coëffure étoit variée, & je conçus qu'elle étoit ajuftée à l'air de leur vifage. Un grand nombre de Domeftiques de l'un & de l'autre fexe, dont je remarquai néanmoins que ceux qui paroiffoient du mien étoient des Eunuques, fe tenoient aux coins du fallon pour exécuter leurs moindres ordres. Mais cette foule d'Efclaves fe retira auffi-tôt que nous fûmes entrés, & les vingt-deux Dames fe levant fans s'écarter de leurs places, parurent attendre les ordres de leur Seigneur, ou l'explication d'une visite qui leur causoit apparemment beaucoup de surprise. Je les considérai successivement, leur âge me parut inégal ; mais si je n'en remarquai aucune qui me parut au-dessus de trente ans, je n'en vis pas non plus d'aussi jeunes que je me l'étois figurés, & celles qui l'étoient le plus n'avoient pas moins de seize ou dix-sept ans.

Cheriber, c'étoit le nom du Bacha, les pria honnêtement de s'approcher, & leur ayant appris en peu de mots qui j'étois, il leur proposa d'entreprendre quelque chose pour mon amusement. Elles se firent apporter divers Instrumens, dont quelques-unes se mirent à jouer, tandis que les autres dansoient avec assez de grace & de légereté. Ce spectacle ayant duré plus d'une heure, le Bacha fit apporter des rafraîchissemens, qui furent distribués dans chaque lieu du sallon où elles avoient repris leur place. Je n'avois pas encore eu l'occasion d'ouvrir la bouche. Il me demanda enfin ce que je pensois de cette galante Assemblée, & sur l'éloge que je fis de tant de charmes, il me tint quelques discours sensés sur la force de l'éducation & de l'habitude, qui rend les plus belles femmes soumises & tranquilles en Turquie, pendant qu'il entendoit, me dit-il, toutes les autres Nations se plaindre du trouble & du désordre qu'elles causent ailleurs par leur beauté. Je lui répondis par quelques réfléxions flatteuses pour les Dames Turques. Non, reprit-il, ce n'est point un caractére qui soit plus propre à nos femmes qu'à celles de tout autre Pays. De vingt-deux que vous voyez ici, il n'y en a pas quatre qui soient nées Turques. La plûpart sont des Esclaves que j'ai achetées sans distinction. Et me faisant jetter les yeux sur une des plus jeunes & des plus aimables, c'est une Grecque, me dit-il, que je n'ai que depuis six mois. J'ignore des mains de qui elle sortoit. Le seul agrément de sa figure & de son esprit me l'a fait prendre au hazard, & vous la voyez aussi contente de son sort que le reste de ses Compagnes. Cependant, avec l'étendue & la vivacité de génie que je lui connois, j'admire quelquefois qu'elle ait pu s'assujettir si tôt à nos usages, & je n'en puis trouver d'autre raison que la force de l'exemple & de l'habitude. Vous pouvez l'entretenir un moment, me dit-il, & je suis trompé si vous n'y découvrez tout le mérite qui éleve chez vous les femmes à la plus hautes fortune & qui les rend propres aux plus grandes affaires.

Je m'approchai d'elle. Son goût étoit pour la peinture, & peu attentive en apparence à ce qui se passoit dans le sallon, elle n'avoit cessé de danser que pour reprendre son pinceau. Après quelques politesses sur la liberté que je prenois de l'interrompre, il ne s'offrit rien de mieux à mon esprit que ce que je venois d'apprendre de Cheriber. Je la félicitai sur les qualités naturelles qui la rendoient chere à son Maître, & lui faisant connoître que je n'ignorois pas depuis quel tems elle étoit à lui, j'admirai que dans un espace si court elle se fut formée si parfaitement aux usages & aux exercices des Dames Turques. Sa réponſe fut ſimple. Une femme, me dit-elle, n'ayant point d'autre bonheur à eſpérer que celui de plaire à ſon Maître, elle ſe trouvoit fort heureuſe ſi Cheriber avoit d'elle l'opinion qu'il m'en avoit fait prendre, & je ne devois pas être ſurpris qu'avec ce motif elle ſe fût conformée ſi facilement aux loix qu'il avoit établies pour ſes Eſclaves. Ce dévouement ſincére aux volontés d'un Vieillard, dans une fille charmante qui n'avoit pas en effet plus de ſeize ans, me parut beaucoup plus admirable que tout ce que j'avois entendu du Bacha. Je croyois remarquer à l'air autant qu'au diſcours de la jeune Eſclave, qu'elle étoit pénétrée du ſentiment qu'elle venoit d'exprimer. La comparaiſon qui ſe fit dans mon eſprit entre les principes de nos Dames & les ſiens me porta ſans deſſein à lui marquer quelque regret de la voir née pour un autre ſort que celui qu'elle méritoit par tant de complaiſance & de bonté. Je lui parlai avec douleur de l'infortune des Pays Chrétiens, où les hommes n'épargant rien pour le bonheur des femmes, les traitant en Reines plutôt qu'en Esclaves, se livrant à elles sans partage, ne leur demandant pour unique retour que de la douceur, de la tendresse & de la vertu, ils se trouvent presque toujours trompés dans le choix qu'ils font d'une épouse, avec laquelle ils partagent leur nom, leur rang & leur bien. Et croyant m'appercevoir que mes plaintes étoient écoutées évidemment, je continuai de parler avec envie du bonheur d'un mari François qui trouveroit dans la Compagne de sa vie des vertus qui étoient comme perdues pour les Dames Turques, par le malheur qu'elles ont de ne jamais trouver dans les hommes un retour digne de leurs sentimens.

Cette conversation, où j'avoue que le mouvement de pitié qui m'emportoit me fit laisser à la jeune Grecque peu de liberté pour me répondre, fut interrompue par Cheriber. Il s'apperçut peut-être de la chaleur avec laquelle j'entretenois son Esclave ; mais le témoignage de mon cœur ne me reprochant rien qui bleſſât ſa confiance, je retournai à lui d'un air libre. Ses queſtions néanmoins ne furent accompagnées d'aucune marque de jalouſie. Il me promit au contraire de me donner ſouvent le même ſpectacle ſi je le trouvois propre à m'amuſer.

Il ſe paſſa quelques jours pendant leſquels je me diſpenſai volontairement de le voir, dans le ſeul deſſein de prévenir toutes ſes défiances par une affectation d'indifférence pour les femmes. Mais dans une viſites qu'il me rendit lui-même pour me faire quelques reproches de l'avoir négligé, un Eſclave de ſa ſuite remit un billet à l'un de mes gens. Ce fut à mon Valet de chambre, qui me l'apporta auſſi myſtérieuſement qu'il l'avoit reçu. L'ayant ouvert, je le trouvai en caractéres Grecs, que je n'entendois point encore, quoique j'euſſe commencé depuis quelque tems à étudier cette Langue. Je fis appeller auſſi-tôt mon Maître, qui paſſoit pour un fort honnête Chrétien, & je lui demandai l'explication de cette Piéce, comme si le hazard l'eût fait tomber entre mes mains. Il m'écrivit la traduction : je reconnus tout d'un coup qu'elle venoit de la jeune Grecque à qui j'avois parlé au Sérail du Bacha. Mais j'étois fort éloigné de m'attendre à ce qu'elle contenoit. Après quelques réfléxions sur le malheur de sa condition, elle me conjuroit au nom de l'estime que je lui avois marquée pour les femmes qui aimoient la vertu, d'employer mon crédit à la tirer des mains du Bacha.

Je n'avois pris pour elle que les sentimens d'admiration qui étoient dûs naturellement à ses charmes ; & dans les principes de conduite que je m'étois formés, rien n'étoit si opposé à mes intentions que de m'engager dans une avanture, où j'avois à craindre plus de peine, que de plaisir à espérer. Je ne doutai point que la jeune Esclave, charmée de l'image que je lui avois tracée en peu de maux du bonheur de nos femmes, n'eût pris du dégoût pour la vie du Sérail, & que l'espérance de me trouver toutes les dispositions que je lui avois vantées dans les hommes de mon Pays ne lui fît souhaiter de lier avec moi quelqu'intrigue d'amour. En réfléchissant sur les dangers de cette entreprise, je ne fis que me confirmer dans ma premiére résolution. Cependant, le désir naturel d'obliger une femme aimable, à qui je supposai que sa condition alloit devenir un supplice, me fit chercher s'il étoit impossible de lui procurer la liberté par des voies honnêtes. Il me vint à l'esprit d'en essayer une, qui ne devoit exercer que ma générosité, par l'engagement que je voulois prendre de payer sa rançon. La crainte de choquer le Bacha par mes offres étoit capable de m'arrêter. Mais je formai un plan qui satisfit toute ma délicatesse. J'étois lié fort étroitement avec le *Selictar*, qui est un des plus importans Personnages de l'Empire. Je résolus de m'ouvrir à lui sur le désir que j'avois d'acheter une Esclave qui appartenoit au Bacha Cheriber, & de l'engager à se charger de cette proposition comme s'il eût souhaité de faire le marché pour lui-même,

même. Le Seliétar y confentit, fans me faire trop valoir un fervice fi léger. Je le laiffai le maître du prix. La confidération que Cheriber avoit pour fon rang, le rendit plus facile que je n'ofois l'efpérer. J'eus dès le même jour la parole du Seliétar, qui me fit avertir en même tems qu'il m'en couteroit mille écus.

Je m'applaudis d'un fi bel emploi de cette fomme; mais étant à la veille d'obtenir ce que j'avois défiré, je fis une réfléxion qui m'étoit échappée dans l'ardeur de réuffir. Qu'alloit devenir la jeune Efclave, & quelles étoient fes vûes en fortant du Sérail ? Se propofoit-elle de venir chez moi & de fe faire un établiffement dans ma maifon ? Je la trouvois affez aimable pour mériter que je priffe foin de fa fortune; mais outre les mefures de bienféance que je devois garder avec mes Domeftiques, pouvois-je éviter que le Bacha n'apprît tôt ou tard où elle s'étoit retirée, & ne retombois-je pas malgré moi dans l'écueil dont j'avois cru me garantir? Cette penfée me refroidit tellement pour mon entreprise, qu'ayant vû le lendemain le Selictar, je lui marquai quelque regret de l'avoir employé dans une affaire dont je craignois que le Bacha ne ressentît trop de chagrin. Et sans parler de lui remettre les mille écus, je le quittai pour rendre ma visite à Cheriber. Partagé tout à la fois entre le désir de rendre service à l'Esclave, l'embarras que j'en appréhendois, & la crainte de chagriner mon ami, j'aurois souhaité de trouver quelque prétexte pour me dégager absolument de cette avanture, & je délibérai si le meilleur parti n'étoit pas de m'ouvrir assez au Bacha même, pour connoître du moins si le sacrifice dont je lui avois fait comme une nécessité ne lui coutoit pas trop de violence. Il me sembloit qu'avec une excuse aussi juste que celle des égards de l'amitié, je pourrois me dispenser sans grossiéreté de satisfaire les caprices d'une femme. Ma visite fut si agréable à Cheriber, qu'ayant prévenu par les témoignages de sa joie l'ouverture à laquelle je m'étois préparé, il eut le tems de me raconter sans interruption qu'il avoit une femme de moins dans son Sérail, & que la jeune Grecque dont il m'avoit procuré l'entretien étoit vendue au Selictar. Il parut si peu contraint dans ce récit, que jugeant de ses sentimens par ses expressions, je ne le crus point fort affligé de sa perte. Je remarquai encore mieux dans la suite qu'il n'avoit aucune passion pour ses femmes. A l'âge où il étoit, les besoins du tempérament lui causoient peu d'inquiétude, & la dépense qu'il faisoit dans son Sérail étoit moins pour la satisfaction de son cœur que pour celle de sa vanité. Cette observation ayant levé tous mes scrupules, je perdis jusqu'à la pensée de les lui découvrir, & je crus devoir lui laisser celle où il étoit d'avoir acquis un droit essentiel sur la reconnoissance du Selictar.

Cependant, m'ayant proposé d'aller passer quelques momens dans son Sérail, il me parut embarrassé sur le compliment qu'il avoit à faire à son Esclave. Elle ignore, me dit-il, qu'elle va changer de Maître.

Après tous les témoignages qu'elle a reçus de mon affection, son orgueil fera bleffé de me voir confentir fi facilement à la mettre au pouvoir d'un autre. Vous ferez témoin, ajoûta-t-il, de la maniére dont elle recevra mes adieux, car je vais la voir pour la derniére fois, & j'ai dit au Seliɛtar qu'il étoit le maître de fe la faire amener quand il le jugeroit à propos. Je prévis que cette fcéne auroit en effet quelqu'agrément pour moi; mais ce n'étoit point par les raifons qui pouvoient la faire trouver embarraffante au Bacha. N'ayant ofé rifquer un mot de réponfe au Billet de la jeune Grecque, je m'attendois bien qu'elle n'apprendroit point fans douleur que fon efclavage alloit augmenter dans le Sérail du Seliɛtar. Que feroit-ce de l'apprendre en ma préfence, & de n'ofer faire éclater fon reffentiment par des plaintes? L'Efclave de Cheriber étoit venu deux fois me demander ma réponfe, & je m'étois contenté de lui dire que je répondrois à l'opinion qu'on avoit de moi avec tout le zéle qu'on en attendoit.

Au lieu de me conduire au fallon, le Bacha fit avertir fon Efclave de venir nous joindre dans un cabinet où il donna ordre qu'on ne reçût qu'elle après nous. Sa timidité, en nous abordant, me fit connoître l'agitation de fon cœur. Elle ne put me voir avec fon Patron, fans fe flatter que j'étois entré dans fes intentions, & que je lui apportois peut-être l'heureufe nouvelle de fa liberté. Le premier compliment du Bacha dût la confirmer dans cette idée. Il lui déclara avec beaucoup de douceur & de politeffe, que malgré toute l'affection qu'il avoit pour elle, il n'avoit pu fe défendre de céder à un puiffant ami les droits qu'il avoit fur fon cœur ; mais fa confolation, ajoûtat-il, étoit de l'affurer en la perdant, qu'elle ne pouvoit tomber entre les mains d'un plus galant homme ; fans compter que c'étoit un des premiers Seigneurs de l'Empire, & le plus capable par fes richeffes & fon penchant pour l'amour, de faire un heureux fort aux femmes qui prenoient quelqu'afcendant fur lui. Il lui nomma le Seliĉtar. Un regard tremblant qu'elle jetta fur moi, & la trifteffe qui fe répandit tout d'un coup fur fon vifage me parut un reproche d'avoir mal compris fes intentions. Elle fe figura que c'étoit moi qui la tirois effectivement du Sérail de Cheriber, mais pour la faire changer feulement d'efclavage, & que j'avois mal entendu par conféquent ou compté pour rien les motifs qu'elle m'avoit donnés pour la fervir. Cheriber ne douta point que le trouble où il la voyoit ne vînt du regret qu'elle avoit de le quitter. Elle augmenta fon erreur, en lui proteftant que pour vivre dans la condition où la fortune l'avoit placée, elle ne fouhaitoit point d'autre Maître que lui; & fa douleur lui fit joindre à cette proteftation des inftances fi tendres & fi preffantes, que je vis le Bacha au moment d'oublier toutes fes promeffes. Mais regardant fon incertitude comme un mouvement paffager, dont je fus beaucoup moins attendri que des larmes de la belle Grecque, je me hâtai de les fecourir l'un & l'autre par quelques mots qui les remirent également. Vous devez être confolée, dis-je à l'Efclave, par le chagrin que votre perte caufe au Bacha; & fi vous doutiez du bonheur qui vous attend, je fuis affez bien avec le Selictar pour vous garantir qu'il vous rendra maîtreffe de votre fort. Elle leva les yeux fur moi, & fa pénétration lui fit lire ma penfée dans les miens. Cheriber ne vit dans mon difcours que tout ce qui fe rapportoit à fes idées. Le refte de notre entretien devint plus tranquille. Il la combla de préfens, & il voulut que j'aidaffe à les choifir. Enfuite, m'ayant prié de trouver bon qu'il en ufât familiérement, il paffa avec elle dans un autre cabinet, où ils demeurerent enfemble plus d'un quart d'heure; & je ne doutai point que ce ne fut pour lui donner les derniéres marques de fa tendreffe. Mon cœur étoit bien libre; puifque je foutins cette idée fans la moindre émotion.

Cependant, l'affaire étant fi avancée qu'il n'étoit plus queftion de délibérer, je ne penfai qu'à me rendre chez moi, pour y prendre mille écus que je portai sur le champ au Selictar. Il me demanda agréablement si je lui ferois un secret de mon avanture ; & pour unique prix du service qu'il alloit me rendre, il me pria de lui apprendre du moins par quel hazard je me trouvois lié avec une Esclave de Cheriber. Rien ne m'obligeant à la dissimulation, je lui racontai l'origine & la nature de mon intrigue. Et lorsqu'il eut marqué quelque peine à croire que ce fut ma seule générosité qui me portoit à servir une fille aussi aimable que je lui avois représenté cette jeune Grecque, je lui jurai si sincérement que j'étois sans passion pour elle, & que ne pensant qu'à la rendre libre, j'avois même quelqu'embarras sur le parti qu'elle prendroit en sortant d'esclavage, qu'il ne put lui rester le moindre doute de mes sentimens. Il me marqua l'heure à laquelle je pourrois la prendre chez lui. Je l'attendis sans impatience. Nous étions convenus de choisir le tems de la nuit, pour dérober la connoissance de cette avanture au Public.

Public. J'envoyai mon Valet de chambre, vers les neuf heures du soir, dans une Voiture peu éclatante, avec ordre de faire avertir seulement le Sélictar qu'il étoit de ma part à sa porte. On lui répondit que le Sélictar me verroit le lendemain, & qu'il remettoit à me rendre compte alors de ce qu'il avoit fait en ma faveur.

Ce retardement ne m'apporta point d'inquiétude. A quelque raison qu'il fallût l'attribuer, j'avois satisfait à tout ce que l'honneur & la générosité m'avoient prescrit, & la joie que pouvoit me causer le succès de mon entreprise ne tiroit sa force que de ces deux motifs. J'avois pensé sérieusement dans cet intervalle à la conduite que je devois tenir avec la jeune Esclave. Mille raisons sembloient me défendre de la recevoir chez moi ; & m'arrêtant même à ce qu'il y avoit de plus flatteur pour moi dans le parti qu'elle avoit pris de solliciter mon secours, qui étoit peut-être l'espérance qu'elle me feroit une composition aisée de ses charmes, mon dessein n'étoit pas d'en faire ouvertement ma Maîtresse. Je m'étois adressé à mon Maître de Langues, que j'avois mis enfin dans ma confidence. Il étoit marié. Sa femme devoit recevoir l'Esclave des mains de mon Valet de chambre, & je me proposois d'aller sçavoir le lendemain d'elle-même ce qu'elle désiroit encore de mon zéle.

Mais les raisons qui avoient arrêté le Sélictar étoient plus fortes que je n'aurois pu me l'imaginer. M'étant rendu chez lui lorsqu'il pensoit lui-même à me prévenir par sa visite, mon arrivée & mes premiéres questions ne laisserent pas de l'embarrasser. Il demeura quelques momens à me répondre. Ensuite, m'embrassant avec plus de tendresse que je n'en avois remarqué dans son caractére, il me conjura de rappeller à ma mémoire ce que je lui avois assuré la veille dans des termes qui ne lui avoient pas permis de soupçonner ma bonne foi. Il attendit que je les eusse confirmés par de nouvelles assurances, & recommençant à m'embrasser d'un air plus ouvert &

plus gai, il me dit qu'il étoit donc le plus heureux de tous les hommes, puisqu'ayant conçu une vive passion pour l'Esclave de Chériber, il n'avoit point à redouter la concurrence ni les oppositions de son ami. Il ne me dissimula rien. Je la vis hier, me dit-il, je passai une heure seulement avec elle ; il ne m'est point échappé un mot d'amour. Mais il m'est resté une impression de ses charmes qui ne me permet plus de vivre sans elle. Vous ne la voyez pas du même œil, continua-t-il, je me suis flatté qu'en faveur d'un ami vous abandonneriez sans peine un bien qui vous touche si peu. Mettez-y le prix dont vous la jugez digne, & ne soyez pas si réservé que Chériber, qui n'a pas connu ce qu'elle vaut.

Quoique je ne me fusse point attendu à cette proposition, après le service qu'il m'avoit rendu, n'ayant rien dans le cœur qui pût me la faire regarder comme une infidélité, je ne me plaignis point qu'elle blessât ni l'honneur ni l'amitié ; mais les mêmes motifs qui m'avoient porté à servir l'Esclave, me révoltèrent contre la pensée de lui donner malgré elle un nouveau Maître. Je ne fis point d'autre difficulté au Sélictar. Si vous m'appreniez, lui dis-je, qu'elle est sensible à votre tendresse, ou qu'elle consent du moins à vous appartenir, j'oublierois tous mes désirs, & j'atteste le Ciel que vous ne me demanderiez pas deux fois une satisfaction que je m'empresserois de vous accorder. Mais je sçais au contraire qu'elle regarderoit comme le dernier malheur de retomber dans un Serrail, & c'est l'unique raison qui m'ait fait prendre intérêt à son sort. Il ne put s'empêcher de revenir ici aux principes de sa Nation : Faut-il consulter, me dit-il, les inclinations d'une Esclave ? Je pris le parti de lui ôter sur le champ ce prétexte. Ne lui donnez plus ce nom, répondis-je ; je ne l'ai acheptée que pour la rendre libre : elle l'est depuis le moment qu'elle est sortie des mains de Chériber.

Il parut extrêmement consterné de cette déclaration. Cependant comme je voulois me conferver fon amitié, j'ajoutai qu'il n'étoit pas impoffible que la tendreffe & les offres d'un homme de fon rang ne touchaffent le cœur d'une fille de cet âge, & je lui engageai ma parole de confentir à tout ce qui me paroîtroit volontaire. Je lui propofai de ne pas remettre plus loin cette épreuve. Il reprit quelqu'efpérance. La jeune Grecque fut appellée. Ce fut moi-même qui fervis d'Interprête aux fentimens du Séliétar; mais je voulus qu'elle connût tous fes avantages, afin qu'il ne manquât rien à la liberté de fon choix. Vous êtes à moi, lui dis-je; je vous ai achetée de Chériber par la médiation du Séliétar. Mon intention eft de vous rendre heureufe, & l'occafion s'en offre dès aujourd'hui. Vous pouvez trouver ici dans la tendreffe d'un homme qui vous aime & dans l'abondance de toutes fortes de biens, ce que vous chercheriez peut-être inutilement dans tout le refte du monde. Le Séliétar, qui trouva mon langage & mon procédé fincéres, s'empreffa

C iij

d'y joindre mille promesses flateuses. Il prit son Prophéte à témoin qu'elle tiendroit le premier rang dans son Serrail. Il lui fit l'exposition de tous les plaisirs qui l'attendoient, & du nombre d'Esclaves qu'elle auroit pour la servir. Elle écouta son discours; mais elle avoit pris le sens du mien. Si vous pensez à me rendre heureuse, me dit-elle, il faut me mettre en état de profiter de votre bienfait. Cette réponse ne pouvant me laisser d'incertitude, je ne pensai plus qu'à lui fournir toutes les armes qui pouvoient la défendre contre la violence, & quoique je n'en appréhendasse point d'un homme tel que le Séliĉtar, cette précaution me parut utile par mille raisons. Autant que les Turcs gardent peu de ménagement pour leurs Esclaves, autant respectent-ils les femmes libres. Je voulois qu'elle fût à couvert de tous les périls de sa condition. Suivez votre penchant, lui dis-je, & ne vous formez point de crainte, ni de ma part ni de celle d'un autre, car vous n'êtes plus esclave ;

& je vous rends tous les droits que j'ai sur vous & sur votre liberté.

Elle sçavoit, pour l'avoir entendu mille fois depuis qu'elle étoit en Turquie, quelle différence les Turcs mettent dans leurs maniéres à l'égard des femmes libres. Dans quelque transport de joie que l'eût jettée ma déclaration, son premier mouvement fut de prendre l'air, & la contenance qu'elle crut convenable au changement de son sort. J'admirai la modestie & la décence qui semblerent tout d'un coup répandûes sur son visage. Elle s'occupa moins à me témoigner sa reconnoissance qu'à faire entendre au Sélictar, à quoi son devoir l'obligeoit après la faveur que je venois de lui accorder. Il se vit forcé lui-même de le reconnoître, & ne marquant son chagrin que par son silence, il parut disposé à lui laisser la liberté qu'elle souhaitoit de se retirer. J'ignorois où elle prétendoit se faire conduire ; mais surprise elle-même que je ne lui expliquasse point mes intentions, elle s'approcha de moi pour me les demander. Je ne jugeai point

C iiij

à propos d'entrer dans un long éclaircissement à la vûe du Sélictar, & l'assûrant qu'elle continueroit de trouver dans mes services tous les secours qui lui seroient nécessaires, je la menai jusqu'à la porte de l'appartement, où je la mis entre les mains d'un de mes Gens, avec ordre de la conduire secretement chez le Maître de Langues. On trouve à Constantinople des voitures propres à l'usage des femmes.

Mon étonnement fut que le Sélictar loin de s'opposer au parti qu'elle prenoit de se retirer, donna lui-même ordre qu'on lui ouvrît la porte de sa Maison, & me reçut d'un visage fort tranquille, lorsque je retournai vers lui. Il me pria avec la même modération d'écouter ce qu'il avoit médité. Je loüe, me dit-il le généreux sentiment qui vous intéresse au bonheur de cette jeune Grécque, & je le trouve si désintéressé qu'il excite mon admiration. Mais puisque vous l'en jugez digne, l'opinion que vous avez d'elle sert à confirmer la tendresse qu'elle m'a inspirée. Elle est libre, continua-t-il, & je ne vous accuse point d'avoir préféré sa fortune à ma satisfaction. Mais je vous demande une grace, dont je vous promets de ne point abuser. C'est de ne pas permettre qu'elle s'éloigne de Constantinople sans ma participation. Et vous ne serez pas lié long-tems par votre promesse, ajouta-t-il, car je vous engage la mienne, que vous sçaurez dans quatre jours quelles sont mes intentions. Je ne fis point difficulté de lui accorder une faveur si simple. Ayant même appréhendé qu'il ne lui restât quelque ressentiment de ma conduite, je fus charmé de me conserver à ce prix son estime & son amitié.

Quelques affaires que j'avois à terminer le même jour, me firent différer jusqu'au soir la visite que je devois à ma jeune Grecque. Le hazard me fit rencontrer Chériber. Il me dit qu'il avoit vû le Sélictar, & qu'il l'avoit trouvé extrêmement satisfait de son Esclave. Ce ne pouvoit être que depuis que je l'avois quitté. La discrétion qui lui avoit fait cacher si soigneusement notre avanture augmenta l'opinion que j'avois de sa probité. Chériber releva beaucoup l'idée qu'il avoit aussi de la mienne, & de la maniére dont ce Seigneur s'étoit expliqué avec lui sur mon compte, il m'asûra que je n'avois point d'amis qui me fussent dévoués plus parfaitement. Je reçus ce compliment avec la reconnoissance qu'il méritoit. N'ayant point un intérêt fort vif à pénétrer où ce redoublement d'amitié, & la promesse que le Séliétar avoit exigée de moi, pouvoient aboutir, mon imagination étoit aussi tranquille que mon cœur, & rien n'avoit changé ma disposition lorsque je me rendis le soir chez le Maître de Langues.

On me dit que la jeune Grecque, qui avoit déja changé le nom de Zara, qu'elle portoit dans l'esclavage, en celui de *Théophé*, attendoit mon arrivée avec toutes les marques d'une vive impatience. Je me présentai à elle. Son premier mouvement fut de se jetter à mes genoux, qu'elle embrassa avec un ruisseau de pleurs. Je fis long-tems des efforts inutiles pour la relever. Ses foupirs furent d'abord le feul langage qu'elle me fit entendre ; mais à mefure que le tumulte de fes fentimens diminuoit, elle m'adreſſa mille fois les noms de fon Libérateur, de fon Pere, & de fon Dieu. Il me fut impoſſible de modérer ce premier tranfport, dans lequel il fembloit que fon ame fe répandit toute entiére. Et touché moi-même jufqu'aux larmes des expreſſions d'une fi vive reconnoiſſance, je perdis comme la force de repouſſer fes tendres careſſes, & je lui laiſſai toute la liberté de fe fatisfaire. Enfin lorfque je crus m'appercevoir qu'elle revenoit un peu de fon agitation, je la levai entre mes bras, & je la plaçai dans un lieu plus commode où je m'aſſis auprès d'elle.

Après avoir repris haleine pendant quelques momens, elle me répéta avec plus d'ordre ce qu'elle avoit déja commencé dans vingt difcours interrompus. C'étoient des remercimens affectueux du fervice que je lui avois rendu, des marques d'admiration pour ma bonté, des prieres, ardentes au Ciel, de me rendre avec une profusion de faveurs ce que toutes ses forces & tout son sang ne pouvoient jamais la mettre en état de payer. Elle s'étoit fait une mortelle violence pour retenir ses transports aux yeux du Sélictar. Elle n'avoit pas moins souffert du délai de ma visite, & si je n'étois pas persuadé qu'elle ne vouloit vivre & respirer que pour se rendre digne de mes bienfaits, j'allois la rendre plus malheureuse qu'elle ne l'avoit été dans l'esclavage. Je l'interrompis, pour l'assûrer que des sentimens si vifs & si sincéres étoient déja un retour égal à mes services. Et ne pensant qu'à détourner des transports que je voyois prêts à se renouveller, je lui demandai pour unique faveur de m'apprendre depuis quel tems & par quelle infortune elle avoit perdu sa liberté.

Je me dois ce témoignage, que malgré les charmes de sa figure, & ce désordre touchant où je l'avois vûe à mes pieds & dans mes bras, il ne s'étoit encore élevé dans mon cœur aucun sentiment qui fût différent de la compassion. Ma délicatesse naturelle m'avoit empêché de sentir rien de plus tendre pour une jeune personne qui sortoit des bras d'un Turc, & dans laquelle je ne suppofois d'ailleurs que le mérite extérieur qui n'est pas rare dans les Serrails du Levant. Ainsi non seulement j'avois encore tout le mérite de ma générosité, mais il m'étoit tombé plus d'une fois dans l'esprit que si elle eût été connûe de nos Chrétiens, je n'aurois pas évité la censure des gens sévéres, qui m'auroient fait un crime de n'avoir pas employé pour le bien de la Religion, ou pour la liberté de quelques misérables Captifs, une somme qu'ils auroient crûe prodiguée à mes plaisirs. On jugera si la suite de cette avanture me rend plus excusable; mais si j'avois quelque reproche à craindre dans son origine, ce ne seroit pas ce qu'on va lire qui paroîtroit capable de me justifier.

Le moindre de mes désirs paroissant une loi pour Théophé, elle me promit de m'apprendre naturellement ce qu'elle sçavoit de sa naifsance & des avantures de sa vie. J'ai commencé à me connoître, me dit-elle, dans une Ville de la Morée, où mon Pere passoit pour étranger, & ce n'est que sur son témoignage que je me crois Grecque, quoiqu'il m'ait toujours caché le lieu de ma naissance. Il étoit pauvre, & n'ayant aucun talent pour acquerir plus de richesses, il m'éleva dans la pauvreté. Cependant je ne puis me rappeller aucune circonstance d'une misére que je n'ai jamais sentie. A peine étois-je âgée de six ans, que je me trouvai transportée à Patras ; je me souviens de ce nom, parce que c'est la premiére trace que ma mémoire conserve de mon enfance. L'abondance où je m'y trouvai après une vie fort dure, fit aussi sur moi des impressions qui n'ont pû s'effacer. J'avois mon pere avec moi ; mais ce ne fut qu'après avoir passé plusieurs années dans cette Ville que je connus distinctement ma situation, en apprenant à quel sort j'étois destinée. Mon pere sans être esclave, & sans m'avoir vendûe, s'étoit attaché au Gouverneur Turc. Quelques agrémens qu'on trouvoit dans ma figure, lui avoient servi de recommendation auprès du Gouverneur, qui s'étoit engagé à le nourrir pendant toute sa vie, & à me faire élever avec soin, sans autre condition que de me livrer à lui, lorsque j'aurois atteint l'âge qui répond au désir des hommes. Avec un logement & sa nourriture, mon pere obtint un petit Emploi. J'étois élevée sous ses yeux, mais par une Esclave du Gouverneur, qui attendit à peine que je fusse à l'âge de dix ans pour me parler du bonheur que j'avois eu de plaire à son Maître, & de l'espérance dans laquelle il prenoit soin de mon éducation. Ce qui m'etoit annoncé comme la plus haute fortune ne se présenta plus à mon imagination que sous cette forme. L'éclat de plusieurs femmes qui composoient son Serrail, & dont on me représentoit l'heureuse condition, excitoit mon impatience. Cependant il étoit dans un âge si avancé que mon pere désespérant d'en tirer pour toute sa vie les avantages qui l'avoient attiré à Patras, commençoit à se repentir d'un engagement dont il avoit à recueillir des fruits si courts. Il ne me communiquoit point encore ces réfléxions ; mais n'ayant point d'obstacle à craindre des principes où l'on m'élevoit, il se lia secretement avec le fils du Gouverneur, qui marquoit déja beaucoup de passion pour les femmes, & il lui proposa d'entrer dans les droits de son pere aux mêmes conditions. On me fit voir à ce jeune homme. Il prit une vive passion pour moi. Plus impatient que son pere, il exigea du mien que le terme de leur convention fût abrégé. Je fus livrée à lui dans un âge, où j'ignorois encore la difference des sexes.

Vous voyez que le goût du plaisir n'a point eû de part à ma mauvaise fortune, & que je suis moins tombée dans le désordre que je n'y suis née. Aussi n'en ai-je jamais connu la honte ni les remords. L'augmentation des années ne m'a pas même apporté de lumiéres qui ayent pû servir à rectifier mes principes. Jé n'ai pas connu non plus
dans

dans ces premiers tems les défirs dont fe forment les paffions. Ma fituation étoit celle de l'habitude. Elle a duré jufqu'au tems que le Gouverneur avoit fixé pour m'approcher de lui. Son fils, mon Pere, & l'Efclave, qui avoit été chargée du foin de mon enfance, tomberent dans un embarras prefqu'égal ; mais loin de le partager avec eux, j'étois encore perfuadée que c'étoit au Gouverneur que je devois appartenir. Il étoit fier & cruel. Mon pere, qui avoit compté mal à propos fur fa mort, fe vit fi preffé par le tems, que s'étant abandonné à fes craintes il réfolut de prendre la fuite avec moi, fans s'ouvrir ni à l'Efclave ni au jeune Turc. Mais fon entreprife fut fi malheureufe que nous fumes arrêtés avant que d'avoir gagné le Port. N'étant point Efclave, fon évafion n'étoit point un crime qui pût l'expofer au fupplice. Cependant il effuya tous les emportemens du Gouverneur, qui lui reprocha non feulement fa fuite comme une trahifon, mais tous les bienfaits qu'il avoit reçûs de lui comme un vol. Je fus renfermée dès le même jour au Serrail. On m'annonça la nuit suivante que j'aurois l'honneur d'être comptée parmi les femmes de mon Maître. Je reçûs cette déclaration comme une faveur, & n'ayant point pénétré les raisons qui avoient obligé mon pere à fuir, je m'étois étonnée qu'il eût voulu renoncer tout d'un coup à sa fortune & à la mienne.

La nuit arrive. On me prépare à l'honneur qu'on m'avoit annoncé, & je suis conduite à l'appartement du Gouverneur, qui me reçoit avec beaucoup de complaisance & de caresses. Dans le même moment on vient l'avertir que son fils demande avec les dernieres instances à lui parler, & que les affaires qui l'amenent sont si pressantes qu'elles ne peuvent être remises au lendemain. Il le fait introduire, & donne ordre qu'on le laisse seul pour l'écouter. Je demeure néanmoins avec eux ; mais le pere passe avec son fils dans un Cabinet intérieur, où ils sont quelques momens ensemble. J'entendis à la vérité quelques termes violens, qui me firent juger que leur conférence n'étoit pas tranquille. Ils furent suivis d'un bruit qui commençoit à m'allarmer, lorfque le fils fortant d'un air égaré, vient à moi, me prend par la main, & m'exhorte à fuir avec lui. Enfuite faifant attention fans doute à ce qu'il avoit à craindre des Domeftiques, il fort feul, les trompe par des ordres feints de fon pere, & me laiffe dans l'état où j'étois, c'eft-à-dire, tremblante de fon agitation, & n'ofant même aller jufqu'au Cabinet pour m'afsûrer de ce qui s'y étoit paffé. Cependant les Efclaves à qui le jeune Turc avoit déclaré que fon pere vouloit être feul un quart d'heure, reparoiffant après cet intervalle, & me trouvant dans la fituation que je n'avois pas quittée, mon trouble leur fait naître des foupçons. Ils m'interrogent. Je leur montre le Cabinet, fans avoir la force de parler. Ils y trouvent leur Maître étendu dans fon fang, & mort de deux coups de poignard. Leurs cris attirent auffi-tôt toutes les femmes du Sérail. On me demande le récit d'un événement si tragique. Je raconte moins ce que j'avois vû que ce que je m'étois figuré d'entendre; & ne pénétrant pas mieux qu'une autre dans le fond de cette avanture, mon ignorance & ma crainte se déclaroient également par mes larmes.

On ne put douter que le Gouverneur ne fût mort de la main de son fils. Cette opinion, qui étoit confirmée par la fuite du jeune Turc produisit un effet fort étrange. Les femmes & les Esclaves du Sérail se croyant désormais sans Maitres, ne penserent qu'à s'emparer de ce qui s'offroit de plus précieux à leurs yeux, & qu'à profiter de l'obscurité pour s'échapper de leur prison. Ainsi, les portes ayant été ouvertes de tous côtés, je me déterminai à sortir, avec d'autant plus de raison que personne ne pensoit ni à me consoler, ni à me retenir. Mon intention étoit de gagner le logement de mon pere, qui étoit dans le voisinage du Sérail, & je me flattois d'en trouver facilement la route. Mais à peine eus-je fait vingt pas dans les ténébres, que je crus appercevoir le fils du Gouverneur. Je ne le reconnus néanmoins qu'après m'être hazardée à lui demander qui il étoit. Il me dit que dans l'effroi du malheureux coup qu'il venoit de commettre, il cherchoit à s'assurer si son pere étoit mort, pour se mettre à couvert aussi-tôt par la fuite. Je lui rendis témoignage de tout ce que j'avois vû. Sa douleur me parut sincére. Il m'apprit en deux mots qu'étant allé avec plus de crainte que de colére pour s'expliquer sur le commerce qu'il avoit eu avec moi, son pere furieux de cette déclaration, avoit voulu lui ôter la vie de son poignard, & qu'il n'avoit pu s'en défendre qu'en le prévenant avec le sien. Il me proposa de l'accompagner dans sa fuite; mais au moment qu'il m'en pressoit avec beaucoup d'instances, nous fûmes enveloppés de plusieurs personnes qui le reconnurent, & qui sur le bruit qui s'étoit déja répandu de son crime se prêterent la main pour l'arrêter. On me laissa libre. Je me rendis secrétement chez mon Pere, qui me reçut avec un transport de joie.

N'étant pas mêlé dans une si funeste avanture, il se proposa sur le champ de recueillir tout ce qu'il avoit amassé pendant son séjour à Patras, & de quitter cette Ville avec moi. Il ne m'expliquoit point quelles étoient ses vûes, & ma simplicité me les faisoit encore moins appréhender. Nous partîmes sans obstacles. Mais à peine fûmes-nous en Mer, qu'il me tint un discours qui m'affligea. Vous êtes jeune, me dit-il, & la nature vous a donné tout ce qui est capable d'élever une femme à la plus haute fortune. Je vous méne dans un lieu où vous avez beaucoup de fruit à tirer de ces avantages ; mais je veux que vous me promettiez avec serment de ne vous conduire que par mes conseils. Il me pressa de lui faire cette promesse dans les termes qu'il crut les plus propres à la rendre inviolable. Je me sentis une répugnance extrême à me lier comme il l'exigeoit. Quelques réfléxions que j'avois commencé à faire sur les avantures où il m'avoit engagée me faisoient concevoir qu'en me liant avec un homme, je pouvois tirer plus d'agrément de mon propre choix. Le fils du Gouverneur de Patras avec qui j'avois eu cette liaison, n'avoit jamais fait d'impression sur mon cœur; tandis que j'avois vû mille jeunes gens avec qui je n'aurois pas été fâchée d'avoir la même familiarité. Cependant, l'autorité paternelle étant un joug auquel je n'avois pas la force de résister, je pris le parti de la soumission. Nous arrivâmes à Constantinople. Les premiers mois furent employés à me faire acquérir les maniéres & les connoissances qui mettent une femme au goût de la Capitale. Mon âge ne passoit pas quinze ans. Sans s'ouvrir sur ses desseins, mon pere me flatoit sans cesse d'une fortune qui surpasseroit mes espérances. Un jour qu'il revenoit de la Ville, il ne s'apperçut point qu'il avoit été suivi par deux personnes, qui ne s'arrêterent qu'après s'être assuré de la maison où il entroit, & qui se firent accompagner de quelques voisins pour y entrer après lui. Nous n'en occupions qu'une petite partie. Ils frapperent si brusquement à notre porte, que dans l'inquiétude qu'il eut de ce bruit il me fit passer dans une seconde chambre qui touchoit à la premiére. Ayant ouvert, il se vit arrêté tout d'un coup par un homme qu'il crut reconnoître, puisque sa vûe lui fit perdre la voix, & qu'il demeura quelques tems sans répondre à plusieurs reproches injurieux que j'entendois distinctement. On l'appelloit traître, lâche, qui n'échapperoit pas plus long-tems à la Justice, & qui rendroit compte malgré lui de ses perfidies & de ses vols. Il ne chercha point à se justifier, & ne voyant pas plus d'apparence à se défendre, il se laissa mener sans résistance au *Cadi*. A peine fus-je remise de ma premiére frayeur, que me couvrant la tête d'un voile, je me hâtai de suivre la route qu'on lui avoit fait prendre. Comme l'Audience de la Justice s'accorde publiquement, j'arrivai assez tôt pour être témoin des plaintes de ses Accusateurs, & de la Sentence qui suivit immédiatement sa confession. On le chargeoit d'avoir d'avoir séduit la femme d'un Seigneur Grec, dont il étoit l'Intendant, de l'avoir enlevée avec une fille de deux ans qu'elle avoit eue de son mari, & d'avoir dérobé en même tems ce qu'il avoit trouvé de plus précieux chez son Maître. N'ayant pu désavouer ces accusations, il chercha seulement à s'excuser, en prenant le Ciel à témoin qu'il n'avoit fait que céder aux sollicitations de la Dame; qu'elle étoit seule coupable du vol, & qu'il n'en avoit pas tiré le moindre avantage, par le malheur qu'il avoit eu d'être volé si cruellement lui-même, qu'il étoit tombé dans le dernier excès de la misére. A la demande qu'on lui fit sur ce qu'étoient devenues la mere & la fille qu'il avoit enlevées, il protesta qu'il les avoit perdues toutes deux par la mort. Les seuls aveux ausquels il étoit forcé parurent suffisans au Juge pour le condamner au supplice. J'entendis prononcer cette décision. Toute la honte que je ressentois d'être née d'un pere si coupable ne m'auroit pas empêchée de faire éclater ma douleur par des cris & par des larmes. Mais ayant demandé au Cadi la grace d'être entendu un moment en secret, ce qu'il dit à ce juge parut l'adoucir, & servit du moins à faire différer l'exécution de son châtiment. Il fut conduit en prison. On augura bien d'un délai si contraire à l'usage. Pour moi, je n'eus point d'autre parti à prendre, dans ma triste situation, que de retourner à notre logement, pour y attendre la fin d'une si cruelle avanture. Mais en approchant de la maison, j'y vis une foule de Peuple, & des marques de désordre, qui me firent demander la cause de ce tumulte sans avoir la hardiesse d'avancer. Avec ce que je n'avois déja que trop appris, on m'informa que l'usage de la Ville étant de saisir les biens d'un criminel au moment que sa Sentence est prononcée, cette rigoureuse coutume s'exécutoit déja sur ceux de mon pere. Mes allarmes augmenterent si vivement que n'ayant point la force de déguiser qui j'étois, je conjurai en tremblant, une femme Turque à qui je m'étois adressée, de prendre pitié de la malheureuse fille du Grec qui venoit d'être condamné. Elle leva mon voile, pour observer mon visage, & ma douleur paroissant la toucher, elle me fit entrer dans sa maison avec le consentement de son mari. Ils me firent valoir tous deux le service qu'ils me rendoient. La crainte dont j'étois saisie me le fit encore exagérer. Je les laissai les maîtres de mon sort, & je crus leur devoir la vie lorsqu'ils m'eurent promis d'en prendre soin. Il me restoit néanmoins l'espérance que tout le monde avoit formée sur le délai du Cadi. Mais au bout de quelques jours j'appris de mes Hôtes que mon pere avoit subi sa Sentence.

Dans une Ville où je ne connoissois personne, à l'âge d'environ quinze ans, avec si peu d'expérience du monde, & troublée par une disgrace si humiliante, je me crus d'abord condamnée pour le reste de ma vie à l'infortune & à la misére. Cependant, l'extrémité de ma situation m'apprit à réfléchir sur mes premiéres années, pour chercher quelque régle qui pût servir à ma conduite. Dans toutes les traces qui m'en étoient restées, je ne trouvois que deux principes sur lesquels on avoit fait rouler mon éducation ; l'un qui m'avoit fait regarder les hommes comme l'unique source de la fortune & du bonheur des femmes ; l'autre qui m'avoit appris, que par nos complaisances, notre soumission, nos caresses, nous pouvions acquérir sur eux une espéce d'empire, qui les metroit à leur tour dans notre dépendance, & qui nous en faisoit obtenir tout ce qui étoit propre à nous rendre heureuses. Quelqu'obscurité que j'eusse trouvée dans les desseins de mon pere, je me souvenois que c'étoit aux richesses & à l'abondance qu'il avoit rapporté toutes ses vûes. S'il avoit pris tant de soins pour cultiver mes qualités naturelles depuis que nous étions à Constantinople, c'étoit en me mettant sans cesse devant les yeux que je pouvois espérer mille avantages au dessus du commun des femmes. Il les attendoit donc de moi, beaucoup plus qu'il n'avoit le pouvoir de me les procurer ; ou si son adresse devoit m'ouvrir les voies, ce n'étoit que par les moiens de réussir qu'il me connoissoit, qu'il se promettoit pour lui-même une partie des biens ausquels il me faisoit aspirer. Sa mort m'avoit-elle fait perdre ce qu'il m'avoit dit mille fois que j'avois reçû de la Nature ? Ce raisonnement, qui se fortifia dans mon esprit pendant quelques jours de solitude, me fit naître une pensée que je crus capable de m'acquitter de la reconnoissance que je devois à mes Hôtes. Ce fut de leur déclarer à quoi mon pere m'avoit crue propre, & de les substituer aux espérances qu'il avoit conçûes de moi. Je ne doutois point que connoissant leur Pays, ils ne comprissent tout d'un coup ce que j'étois capable de faire pour eux, & pour moi-même. Je fus si satisfaite de cette réfléxion, que je résolus de n'en pas remettre au lendemain l'ouverture.

Mais ce que la simplicité de mon esprit m'inspiroit, n'avoit pas manqué de se présenter à des gens beaucoup plus rusés que moi. La vûe de quelques agrémens sur le visage d'une Etrangére, qui se trouvoit à Constantinople sans connoissance & sans protection, avoit été le seul motif qui avoit intéressé la femme Turque à mon sort. Elle avoit médité avec son mari un plan qu'elle se proposoit de me faire goûter ; & le jour même où je comptois de lui découvrir le mien, étoit celui qu'elle avoit choisi pour s'expliquer avec moi. Elle me fit plusieurs questions sur ma famille & sur le lieu de ma naissance, qui parurent servir à son dessein par les lumiéres qu'elle tira de mes réponses. Enfin, m'ayant flatée sur mes agrémens, elle m'offrit de me rendre heureuse au de-là de mes désirs, si je voulois prendre ses conseils & me fier à sa conduite. Elle connoissoit, me dit-elle, un riche Négociant, qui étoit passionné pour les femmes, & qui n'épargnoit rien pour leur satisfaction. Il en avoit dix, dont la plus belle m'étoit fort inférieure, & je ne devois pas douter que toute son affection se réunissant sur moi, il ne fit plus pour mon bonheur que pour celui des dix autres. Elle s'étendit beaucoup sur l'abondance qui regnoit dans sa Maison. J'en devois croire le témoignage de son mari & le sien, puisqu'ils étoient employés depuis long-tems à son service, & qu'ils admiroient tous les jours les bénédictions que le Prophéte avoit répandûes sur un si galant homme.

Elle acheva ce Tableau assez adroitement pour m'ébranler; d'autant plus, qu'étant remplie de l'idée que j'allois lui communiquer, j'étois ravie qu'elle m'en eût épargné la peine, en me prévenant. Mais je ne trouvois dans l'Amant qu'elle me proposoit que la moitié de mes prétentions. Mon pere m'avoit toujours fait envisager l'élévation du rang avec les richesses. La qualité de Négociant choqua ma fierté. Je fis cette objection à mes Hôtes, qui loin de s'y rendre, insisterent beaucoup plus sur les avantages qu'ils m'offroient, & parurent blessés à la fin de ma résistance. Je compris que ce qu'ils avoient affecté de remettre à mon choix, étoit déja

E iiij

réglé entr'eux, & peut-être avec le Négociant au nom duquel ils agiſſoient. Je n'en fus que plus révoltée contre leurs inſtances ; mais diſſimulant mon chagrin, je leur demandai juſqu'au lendemain pour me déterminer. Les réfléxions que je fis le reſte du jour ayant augmenté mes répugnances, je pris dans le cours de la nuit ſuivante un parti que vous attribueriez à mon déſeſpoir, ſi je ne vous aſsûrois que je le pris avec beaucoup de tranquillité. Les grandes eſpérances de mon pere, que je me rappellois ſans ceſſe, eurent la force de ſoutenir mon courage. A peine crus-je mes Hôtes endormis, que ſortant de chez eux dans l'état où j'y étois venue, je m'engageai ſeule dans les rues de Conſtantinople, avec le deſſein vague de m'adreſſer à quelque perſonne de diſtinction, pour lui abandonner le ſoin de ma fortune. Une idée ſi mal conçûe ne pouvoit réuſſir heureuſement. Je n'en fus perſuadée que le lendemain, lorſqu'ayant paſſé le reſte de la nuit dans un extrême embarras, je ne vis pas mieux pendant le jour par quel moien je pourrois m'en délivrer. Je ne trouvois dans les rues que des personnes du Peuple, dont je n'espérois pas plus de secours que des Hôtes que j'avois quittés. Quoiqu'il me fut facile de distinguer les Maisons des Grands, je ne voyois aucune apparence de m'en procurer l'accès, & ma timidité contre laquelle j'avois combattu, l'emportant enfin sur ma résolution, je me crus plus malheureuse qu'au premier moment qui avoit suivi la mort de mon pere. Je serois retournée dans la Maison d'où je sortois, si j'avois eu quelqu'espoir de la retrouver; mais ouvrant les yeux sur mon imprudence, j'en fus si effrayée que ma perte me parut inévitable.

Cependant je connoissois aussi peu les maux qui me menaçoient que les biens que j'avois voulû me procurer. Mes craintes n'avoient pas d'objet fixe, & la faim qui commençoit à me presser étoit encore la plus vive de mes inquiétudes. Le hazard, qui me servoit seul de guide, m'ayant fait passer près du Marché où se vendent les esclaves, je demandai ce que c'étoit qu'une Troupe de femmes que je voyois rangées sous une voute. On ne m'eût pas plutôt appris à quoi elles étoient destinées, que je regardai cette occasion comme une ressource. Je m'approchai d'elles, & me plaçant au bout de la ligne, je me flatai, que si j'avois les qualités qu'on m'avoit vantées tant de fois, je ne ferois pas long-tems sans me voir distinguée. Comme toutes mes Compagnes avoient le visage couvert, je ne cedai point tout d'un coup à l'envie que j'avois de dévoiler le mien. Cependant l'heure du Marché étant arrivée, je ne pus voir diverses personnes occupées à se faire montrer quelques femmes qui ne me valoient pas, sans être pressée d'une vive impatience de lever mon Voile. On ne s'étoit point apperçû que je fusse étrangére dans la Troupe, ou plutôt on n'avoit pû juger du dessein qui m'y avoit amenée. Mais à peine eût-on vû paroître mon visage que tous les Spectateurs surpris de ma jeunesse & de ma figure, s'assemblerent autour de moi.

J'entendis demander de tous côtés à qui j'appartenois, & les Marchands d'Esclaves le demandoient eux-mêmes avec admiration. Personne ne pouvant satisfaire à cette question, on prit le parti de s'adresser à moi. Mais en convenant que j'étois à vendre, je commençai par demander à mon tour qui étoient ceux qui pensoient à m'acheter. Une avanture si extraordinaire fit redoubler autour de moi la foule. Les Marchands, aussi avides que les Spectateurs, me firent des propositions que je dédaignai. Il se trouva quelques personnes qui répondirent à la question que j'avois faite, en me déclarant leurs noms & leurs qualités; mais comme je n'entendis rien d'assez relevé pour satisfaire mon ambition, je m'obstinai à rejetter leurs offres. L'étonnement de ceux qui m'admiroient parut redoubler, lorsqu'ayant apperçû à quelque distance de moi une femme qui portoit quelques alimens, la faim qui commençoit à me dévorer me fit avancer rapidement vers elle. Je la conjurai de ne pas me refuser un secours dont la nécessité étoit pressante. Elle me l'accorda. J'en profitai avec une ardeur qui rendit tout le monde attentif au Spectacle. On n'y comprenoit rien. Je voyois dans les uns de la compassion pour mon sort, dans les autres de la curiosité, & dans presque tous les hommes les regards & les désirs de l'amour. Ces impressions, que je croyois démêler, soutenoient l'opinion que j'avois de moi, & me persuaderent que cette Scéne tourneroit à mon avantage.

Après avoir essuié mille questions auxquelles je refusois de satisfaire, la foule s'ouvrit enfin pour faire place à un homme qui s'étoit informé en passant de ce qui attiroit la multitude de Curieux qu'il voyoit au Marché. On lui avoit raconté ce qui causoit la surprise de tout le monde, & il ne s'approchoit que pour contenter la sienne. Quoique les égards qu'on marquoit pour lui me disposassent à le recevoir avec plus de complaisance, je ne consentis à lui répondre qu'après avoir sçû de lui-même qu'il étoit l'Intendant du Bacha Chériser. Je voulus sçavoir encore quel étoit le caractére particulier de son Maître. Il m'apprit qu'il avoit été Bacha d'Egypte, & qu'il possédoit d'immenses richesses. Alors m'approchant de son oreille, je lui dis que s'il me trouvoit capable de plaire au Bacha, il m'obligeroit beaucoup de me présenter à lui. Il ne se fit pas répéter cette priere, & me prenant par la main, il me conduisit à sa Voiture, qu'il avoit quittée pour s'avancer jusqu'à moi. J'entendis les regrets de ceux qui me voyoient échapper, & leurs conjectures sur un événement qui leur paroissoit plus obscur que jamais.

En chemin l'Intendant du Bacha me demanda l'explication de mes desseins, & par quelle avanture une jeune Grecque, telle qu'on pouvoit me reconnoître à mon habillement, se trouvoit seule & Maîtresse d'elle-même. Je lui composai une Histoire qui n'étoit pas sans vraisemblance, mais où ma naiveté se trahissoit assez pour lui faire conclure qu'il avoit quelque profit à tirer du service qu'il alloit rendre à son

Maître. La joie que j'avois d'être tombée si heureusement m'avoit fait perdre toute vûe d'intérêt, & je ne m'en étois d'ailleurs occupée que pour me mettre en état de marquer ma reconnoissance à mes Hôtes. Je n'opposai rien à la priére que me fit l'Intendant de reconnoître qu'il m'avoit achetée d'un Marchand d'Esclaves. Il me promit à cette condition de me rendre de si bons offices auprès du Bacha que je tiendrois bientôt le premier rang dans son estime, & il me traça d'avance les moiens que je devois employer pour lui plaire. L'ayant prévenu en effet sur mon arrivée, il m'en fit obtenir un accueil qui remplit presque tout d'un coup l'idée que j'avois eûe de ma fortune. Je fus établie dans un appartement de la magnificence de ceux que vous connoissez. Un grand nombre d'Esclaves fut nommé pour me servir. Je passai quelque tems seule, à recevoir les instructions, qui devoient me former pour mon sort; & dans ces premiers jours où je goûtai toute la douceur d'être servie au moindre signe, d'obtenir tout ce qui flatoit mes gouts, & d'être respectée jusques dans mes caprices, je fus aussi heureuse qu'on peut l'être par un bonheur d'imagination. Ma satisfaction augmenta même, lorsqu'après quinze jours de préparation, le Bacha vint me déclarer qu'il me trouvoit plus aimable que toutes ses femmes, & qu'à tout ce que j'avois déja obtenu de sa libéralité, il donna ordre qu'on joignit mille nouveaux présens, dont l'abondance éteignoit quelquefois mes désirs. Son âge le rendoit fort modéré dans les siens. Mais il me voyoit régulièrement plusieurs fois le jour. Ma vivacité, & l'air de joie dont tous mes mouvemens se ressentoient, paroissoient l'amuser. Cette situation, dans laquelle j'ai passé deux mois, a sans doute été le plus heureux tems de ma vie. Mais je m'accoutumai insensiblement à ce qui avoit eu le plus de charmes pour piquer mes inclinations. L'idée de mon bonheur ne me touchoit plus, parce que je n'y voyois plus rien qui réveillât mes sens. Non seulement je n'étois plus flatée de la

promptitude qu'on avoit à m'obéir ; mais je n'avois plus rien à commander. Les richesses de mon appartement, la multitude & la beauté de mes Bijoux, la somptuosité de mes Habits, rien ne se présentoit plus à moi sous la forme que j'y avois trouvée d'abord. Dans mille momens où je me sentois à charge à moi-même, j'adressois la parole à tout ce qui m'environnoit : Rendez-moi heureuse, disois-je à l'or & aux diamans. Tout étoit muet & insensible. Je me crus attaquée de quelque maladie que je ne connoissois point. Je le dis au Bacha, qui s'étoit déja apperçû du changement de mon humeur. Il jugea que la solitude où je passois une partie du jour, avoit pu m'inspirer cette mélancolie ; quoiqu'il m'eût donné un Maître de Peinture, suivant l'inclination que je lui avois marquée pour cet Art. Il me proposa de passer dans l'appartement commun des femmes, dont il m'avoit séparée jusqu'alors par distinction. La nouveauté du spectacle servit à ranimer un peu mon goût. Je pris plaisir à leurs Fê-
tes

tes & à leurs Danses, & je me flatai que partageant le même sort, nous nous trouverions quelque ressemblance par le caractére & les inclinations. Mais si elles marquerent de l'empressement pour se lier avec moi, je fus dégoûtée presquaussi-tôt de leur Commerce. Je ne trouvai parmi elles que de petites attentions, qui ne répondoient point à ce qui m'occupoit confusément, ni à mille choses enfin que je désirois sans les connoître. J'ai vécû dans cette société, pendant près de quatre mois, sans prendre aucune part à ce qui s'y est passé; fidéle à mes devoirs, évitant d'offenser personne, & plus aimée de mes Compagnes que je ne cherchois à l'être. Le Bacha, sans se relâcher de ses soins pour son Serrail, sembla perdre le goût qui l'avoit attaché particuliérement à moi. J'y aurois été mortellement sensible dans les premiers tems; mais comme si mes idées eussent changé avec mon humeur, je vis ce réfroidissement avec indifférence. Je me surprenois quelquefois dans une réverie dont il ne me restoit rien à l'esprit quand j'en étois revenûe. Il me sembloit que mes sentimens avoient plus d'étendûe que mes connoissances, & que ce qui occupoit mon ame, étoit le désir d'un bien dont je n'avois pas d'idée. Je me demandois encore, comme j'avois fait dans ma solitude, pourquoi je n'étois pas heureuse avec tout ce que j'avois désiré pour l'être. Je m'informois quelquefois si dans un lieu où je croyois toute la fortune & tous les biens réunis, il n'y avoit pas quelque plaisir que je n'eusse point encore goûté, quelque changement qui pût dissiper l'inquiétude continuelle où j'étois. Vous m'avez vûe occupée à peindre; c'est le seul plaisir auquel j'ai été réduite, après en avoir tant espéré de ma condition. Encore étoit-il interrompû par de longues distractions, dont je n'ai jamais pû me rendre compte à moi-même.

J'étois dans cette situation, lorsque le Bacha vous ouvrit l'entrée de son Serrail. Cette faveur, qu'il n'accordoit à personne, me fit attendre impatiemment ce qu'elle devoit produire. Il nous ordonna de danser. Je le fis avec un redoublement extraordinaire de rêveries & de distractions. Mon inquiétude me fit aussitôt regagner ma place. J'ignore de quoi j'étois remplie, lorsque vous approchâtes de moi. Si vous me fîtes quelque question, mes réponses durent se ressentir de mon trouble. Mais l'ordre d'un discours sensé, que je vous entendis prononcer, me rendit d'abord extrêmement attentive. Un agréable instrument que j'aurois entendu pour la première fois, ne m'auroit pas fait une autre impression. Je ne me souvenois de rien qui se fut jamais si bien accordé avec l'ordre de mes propres idées. Ce sentiment redoubla, lorsque m'apprenant le bonheur des femmes de votre Nation, vous m'expliquâtes d'où il peut dépendre, & ce que les hommes font pour y contribuer. Les noms de vertu, d'honneur, & de conduite, dont je n'eus pas besoin d'autre explication pour me former l'idée, s'attacherent à mon esprit, & s'y étendirent en un moment, comme s'ils m'eussent toujours été familiers. Je prêtai l'oreille avec une avidité extrême à tout ce que l'occasion vous fit ajouter. Je ne vous interrompis point de mes queſtions, parce qu'il ne vous échappa rien dont je ne trouvâſſe auſſitôt le témoignage au fond de mon cœur. Chériber vint finir une converſation ſi douce ; mais je n'en avois pas perdu un ſeul terme, & & vous ne fûtes pas plutôt ſorti que je commençai par m'en rappeller juſqu'aux moindres circonſtances. Tout m'en étoit précieux. J'en fis dès ce moment mon étude continuelle. Le jour & la nuit ne me préſenterent plus d'autre objet. Il y a donc un Pays, diſois je, où l'on trouve un autre bonheur que celui de la fortune & des richeſſes ! Il y a des hommes qui eſtiment dans une femme d'autres avantages que ceux de la beauté. Il y a pour les femmes un autre mérite à faire valoir, & d'autres biens à obtenir. Mais comment n'ai-je jamais connu ce qui me flate avec tant de douceur, & ce qui me ſemble conforme à mes inclinations ? Quoique j'euſſe à ſouhaiter là-deſſus des détails que je n'avois pas eu le tems de vous demander, c'étoit aſſez de me trouver agitée par des déſirs ſi vifs, pour former une haute idée de ce qui me cauſoit tant d'émotion. Je n'aurois pas balancé à quitter le Serrail, s'il m'avoit été poſſible d'en ſortir. Je vous aurois cherché dans toute la ville pour recevoir ſeulement l'explication de mille choſes qui me reſtoient à ſçavoir, pour vous faire répéter ce que j'avois entendu, pour vous entendre encore, & me raſſaſier d'un plaiſir dont je n'avois fait que l'eſſai. Je rappellai du moins une eſpérance que j'avois toujours conſervée, & ſans laquelle j'aurois pris plus de précautions avec l'Intendant du Bacha. N'etant point née Eſclave, & rien ne m'ayant forcée de l'être, je m'étois perſuadée que ſi j'euſſe pû ſuppoſer des circonſtances où je me fuſſe laſſée de mon ſort, on n'auroit pû m'y retenir malgré moi. Je m'imaginai qu'il n'étoit queſtion que de m'expliquer avec le Bacha. Mais conmme j'avois l'occaſion de voir quelquefois l'Intendant, qui étoit chargé des réparations du Sérail, je voulus d'abord m'ouvrir à lui. Il m'avoit tenu parole. J'étois satisfaite de ses soins & de ses services, & je ne doutai point qu'il ne fût également disposé à m'obliger. Cependant, à peine eut-il compris où tendoit mon discours, que prenant un air froid & sérieux, il affecta d'ignorer le fondement de mes prétentions ; & lorsque j'entrepris de lui rappeller mon Histoire, il marqua de l'étonnement que j'eusse oublié moi-même qu'il m'avoit achetée d'un Marchand d'Esclaves. Je reconnus clairement que j'étois trahie. La force de ma douleur ne m'empêcha pas néanmoins de considérer que les injures & les plaintes étoient inutiles. Je le conjurai la larme à l'œil de me rendre la justice qu'il me devoit. Il me traita avec une dureté qu'il n'avoit jamais eue pour moi ; & m'apprenant sans pitié que j'étois Esclave pour le reste de ma vie, il me conseilla de ne lui renouveller jamais les mêmes discours si je ne voulois qu'il en avertît son Maître.

L'illusion qui m'avoit dérobé si long-tems mon sort acheva de se dissiper. Je ne sçais comment ma raison s'étoit plus formée depuis le court entretien que j'avois eu avec vous, que par tout l'usage que j'en avois fait jusqu'à l'âge où je suis. Je ne vis plus dans mes avantures passées qu'un sujet de honte, sur lequel je n'osois jetter les yeux; & sans autres principes que ceux dont vous avez jetté la semence dans mon cœur, je me trouvois comme transportée dans un nouveau jour par une infinité de réfléxions qui me faisoient tout regarder d'un autre œil. Je me sentis même une fermeté qui me surprenoit dans une situation si cruelle; & plus résolue que jamais de m'ouvrir les portes de ma prison, je pensai que pour chercher les voies du désespoir, il falloit avoir tenté mille moyens que je pouvois encore espérer de l'adresse & de la prudence. Celui de m'ouvrir au Bacha me parut le plus dangereux. En m'exposant à son indignation, il ne pouvoit servir qu'à m'attirer la haine de son Intendant, & c'étoit me rendre toutes les autres voies beaucoup plus difficiles. Mais il me vint à l'esprit de m'adresser à vous. Tout le changement que j'éprouvois étoit non-seulement votre ouvrage, mais devoit recevoir de vous sa perfection. J'espérai qu'avec un peu de cette prévention que vous aviez marquée en ma faveur, vous ne me refuseriez pas votre secours.

La difficulté n'étoit qu'à vous faire connoître le besoin que j'en avois. Je me hazardai à sonder une Esclave, qui m'avoit été fort attachée depuis mon entrée au Sérail. Je lui trouvois tout le zéle que je désirois pour me servir ; mais elle étoit aussi resserrée que moi dans nos murs, & n'en pouvant sortir sans crime, elle n'eut à m'offrir que l'entremise de son frere, qui est au service du Bacha. Je résolus d'encourir les risques. J'abandonnai entre les mains de mon Esclave une lettre que vous avez reçue sans doute, puisque vous ne pouvez avoir eu d'autre motif pour vous employer à ma liberté, mais qui m'a jettée pendant quelques jours dans
une

une nouvelle incertitude. Une de mes Compagnes, attentive à ma conduite, & jugeant à mon air chagrin que je roulois quelque projet extraordinaire, m'obferva dans le tems que j'écrivois ma lettre, & ne découvrit pas moins habilement que je l'avois remife à l'Efclave. Elle fe crut maîtreffe de mon fecret. Dès le même jour elle fe procura la facilité de m'entretenir à l'écart, & m'ayant déclaré l'avantage qu'elle avoit fur moi, elle me confia à fon tour une intrigue fort dangereufe où elle étoit engagée depuis quelques femaines. Elle recevoit un jeune Turc, qui rifquoit témérairement fa vie pour la voir. Il paffoit au long des toîts jufqu'au-deffus de fa fenêtre, où il trouvoit le moyen de defcendre à l'aide d'une échelle de cordes. La communication que j'avois avec toutes les femmes du Bacha n'ayant point empêché que je n'euffe confervé mon premier appartement, fa fituation avoit paru plus commode à mon adroite Compagne, & le fervice qu'elle attendoit de moi étoit d'y cacher pendant quelques jours son Amant, qu'elle ne voyoit point assez librement dans sa chambre.

Cette proposition m'effraya. Mais j'étois liée par la crainte de quelque trahison. Ce que j'apprenois même ne pouvoit servir de frein à cette femme téméraire, parce que je n'avois point de preuve à donner de l'aveu qu'elle m'avoit fait, & que sur mon refus elle pouvoit rompre toutes les traces de son commerce en cessant de recevoir son Amant; au lieu que ma lettre & les deux Esclaves qui étoient dans ma confidence déposoient à tous momens contre moi. Je me soumis à toutes les loix qu'elle voulut m'imposer. Son Amant fut introduit la nuit suivante. Je fus obligée, pour tromper les Esclaves qui me servoient, de quitter mon lit pendant leur sommeil, & de conduire le Turc dans un cabinet dont j'avois seule la clef. C'étoit le lieu où ma Compagne se proposoit de le recevoir pendant le jour. Il falloit de l'adresse pour se dérober aux regards d'un grand nombre de femmes & d'Esclaves. Mais dans un Sérail bien fermé, on ne s'allarmoit point de nous voir quelquefois disparoître, & la multitude des appartemens pouvoit favoriser ces courtes absences. Cependant, le Turc, qui ne m'avoit vûe qu'un instant à la lumiére d'une Bougie, avoit pris pour moi les sentimens qu'il avoit eus pour ma Compagne. Dès la premiére visite qu'elle lui rendit avec ma clef que je lui avois abandonnée, elle lui remarqua une froideur qu'elle ne put attribuer long-tems à sa crainte. Il lui fit naître des raisons de souhaiter que je fusse témoin d'une partie de leurs entretiens. Elles étoient si frivoles que le soupçonnant aussi-tôt d'infidélité, elle résolut de s'en assurer en satisfaisant à ses désirs. Je ne résistai point à la priére qu'elle me fit de l'accompagner. Son Amant garda si peu de mesures, que choquée moi-même de lui voir si peu d'attention pour elle, je ne condamnai point le dépit qui la fit penser à le renvoyer la nuit suivante. Il ne fit qu'irriter sa jalousie par le chagrin qu'il en marqua, & ses regards me difoient en effet trop clairement que j'étois la caufe de fes regrets. Mais le châtiment l'emporta beaucoup fur le crime. En l'aidant à regagner le toît par la fenêtre, elle le précipita fi cruellement qu'il fe tua dans fa chute. Ce fut elle-même qui m'apprit le lendemain cette vengeance barbare.

Cependant elle n'avoit pas fait réfléxion, qu'il avoit entraîné avec lui fon échelle de corde, & que ce témoignage, joint à la trifte fituation où il étoit, ne manqueroit pas de faire connoître tout d'un coup la nature de fon entreprife. A la vérité il pouvoit paroître incertain de quelle fenêtre il étoit tombé, parce qu'il y en avoit plufieurs qui donnoient fur la même cour. Mais l'allarme n'en fut pas moins vive dans la Maifon de Chériber, & les effets s'en communiquerent tout d'un coup au Sérail. Il interrogea lui-même toutes fes femmes. Il fit vifiter tous les lieux qui pouvoient faire naître fes défiances. On ne découvrit rien; & j'admirai avec quelle tranquillité ma Compagne foûtint les mouvemens qui fe faifoient autour d'elle.

Enfin les soupçons de l'Intendant tomberent sur moi; mais ce fut sans les communiquer à son Maître. Il me dit qu'après les imaginations dont je m'étois remplie, il ne pouvoit douter que ce ne fut moi qui avois troublé la paix du Sérail, & qui avois pensé peut-être à me procurer la liberté par un crime. Les menaces par lesquelles il voulut m'en arracher l'aveu, me causerent peu d'épouvante; mais je me crus perdûe, lorsqu'il me parla d'arrêter les Esclaves qui m'étoient le plus attachés. Il observa ma frayeur, & se disposant à passer aux effets, il me mit dans la nécessité de lui apprendre ce que je ne pouvois lui laisser découvrir lui-même, sans exposer mes malheureux Esclaves à périr par un cruel supplice. Ainsi les recherches qu'on faisoit pour le déréglement d'autrui, servirent à m'arracher mon propre secret. Je confessai à l'Intendant que je cherchois à me procurer la liberté par des voies que le Bacha même ne pouvoit condamner, & sans faire valoir plus long-tems mes droits, je l'asûrai que je ne pensois à l'obte-

G iij

nir qu'à titre d'Esclave, & au prix dont on la feroit dépendre. Il voulut sçavoir à qui je m'étois adressé. Je ne pus lui dissimuler que c'étoit à vous. Ma sincérité fut utile à ma Compagne, dont l'intrigue demeura ensevelie ; & l'Intendant charmé en apparence de ce qu'il apprenoit, m'assûra qu'il contribueroit volontiers à ma satisfaction par cette voie.

Sa facilité me surprit autant que sa rigueur m'avoit effrayée. J'en ignore encore les motifs. Mais trop contente de me voir délivrée d'un si terrible obstacle, je vous fis demander plusieurs fois si ma priére avoit fait quelqu'impression sur votre cœur. Votre réponse étoit douteuse. Cependant l'expérience vient de m'apprendre trop heureusement que vous vous occupiez d'une malheureuse Esclave, & que je dois ma liberté au plus généreux de tous les hommes.

Si l'on a fait, en lisant ce récit, une partie des réfléxions qu'il me fit naître, on doit s'attendre à celles qui vont le suivre, En mettant à part les différences du langage, je trouvai à la jeune Grecque tout l'esprit que Chériber m'avoit vanté. J'admirai même que sans autre Maître que la nature, elle eût arrangé ses avantures avec tant d'ordre, & qu'en m'expliquant ses rêveries ou ses méditations, elle eût donné un tour philosophique à la plûpart de ses idées. Le développement en étoit sensible, & je ne pouvois la soupçonner de les avoir empruntées d'autrui, dans un Pays où l'esprit ne se tourne pas communément à cette sorte d'exercice. Je crus donc lui découvrir un riche naturel, qui étant accompagné d'une figure extrêmement touchante, en faisoit sans doute une femme extraordinaire. Ses avantures n'eurent rien de révoltant pour moi, parce que depuis quelques mois que j'étois à Constantinople, il m'arrivoit tous les jours d'apprendre les plus étranges événemens par rapport aux Esclaves de son sexe, & la suite de cette rélation en fournira bien d'autres exemples. Je ne fus pas surpris non plus du récit qu'elle m'avoit fait de son éducation. Toutes les Provinces de la Turquie font remplies de ces peres infames, qui forment leurs filles à la débauche, & qui n'ont point d'autre occupation pour foûtenir leur vie, ou pour avancer leur fortune.

Mais en examinant l'impreſſion qu'elle prétendoit avoir reſſentie d'une converſation d'un moment, & les motifs qu'elle avoit eus pour ſouhaiter de m'avoir l'obligation de ſa liberté, je ne pus me livrer ſi crédulement à l'air de naiveté & d'innocence qu'elle avoit ſçû mettre dans ſa contenance & dans ſes regards. Plus je lui avois reconnu d'eſprit, plus je lui ſoupçonnois d'adreſſe; & le ſoin qu'elle avoit eû de me faire remarquer pluſieurs fois ſa ſimplicité, étoit préciſément ce qui me la rendoit ſuſpecte. Aujourd'hui comme du tems des Anciens, la bonne foi Grecque eſt un proverbe ironique. Ce que je pus donc m'imaginer de plus favorable, fut qu'étant laſſe du Sérail, & flatée peut-être de l'eſpérance d'une vie plus libre, elle avoit penſé à quitter Chériber pour changer de condition, & que dans la vûe de m'inſpirer quelques sentimens de tendresse ; elle avoit profité du discours que je lui avois tenu, pour me prendre du côté par lequel je lui avois parû sensible. Si je supposois quelque réalité dans la description qu'elle m'avoit faite de ses agitations de cœur & d'esprit, il étoit aisé d'en trouver la cause dans la situation d'une jeune personne, qui n'avoit pas dû goûter beaucoup de plaisir près d'un Vieillard. Aussi m'avoit-elle vanté la modération du Bacha. Et pour ne rien déguiser, j'étois à la fleur de mon âge; & si l'on ne me flatoit pas sur ma figure, elle avoit pû faire impression dans un Sérail sur une jeune fille à qui je supposois autant de chaleur de temperamment que de vivacité d'esprit. J'ajouterai encore que dans les expressions de sa joie, j'avois crû remarquer un emportement qui n'avoit pas de proportion avec l'idée qu'elle avoit toujours eûe des avantures de sa vie. Ces grands transports n'étoient point amenés d'assez loin, & n'avoient point une cause assez sensible. Car à moins que de faire entrer la puissance du Ciel dans le changement de ses principes, quelle raison avoit-elle d'être touchée jusqu'à cet excès du service que je lui avois rendu, & comment pouvoit-elle regarder tout d'un coup avec tant d'horreur un lieu d'où elle n'avoit point emporté d'autre sujet de plaintes, que le dégout qui naît de l'abondance ? De toutes ces réfléxions dont j'avois fait une partie pendant son discours, la conclusion que je tirai, fut que j'avois rendu à une jolie femme un service dont je ne devois pas me repentir, mais auquel toutes les belles Esclaves auroient eu le même droit ; & quoiqu'en considérant sa figure avec admiration, je fusse flaté sans doute du désir que je lui supposois de me plaire, la seule pensée qu'elle sortoit des bras de Cheriber après avoir été dans ceux d'un autre Turc, & peut-être d'une multitude d'Amans qu'elle m'avoit déguisés, me servit de préservatif contre les tentations auxquelles la chaleur de mon âge auroit pû m'exposer.

Cependant j'étois curieux de sçavoir nettement à quoi elle se destinoit, Elle devoit comprendre que l'ayant rendue libre, je n'avois aucun droit de rien exiger d'elle, & que j'attendois au contraire qu'elle m'expliquât ses desseins. Je ne lui fis point de questions, & elle ne se hâta point de m'éclaircir. M'ayant remis sur l'article de nos femmes d'Europe, & sur les maximes dans lesquelles je lui avois dit qu'on les élevoit, elle me fit entrer dans cent détails sur lesquels je pris plaisir à la satisfaire. La nuit étoit fort avancée, lorsque je m'apperçus qu'il étoit tems de me retirer. Ne m'ayant marqué aucune vûe, & ses discours étant toujours retombés sur son bonheur, sur sa reconnoissance, & sur la satisfaction qu'elle avoit à m'entendre, je lui renouvellai, en la quittant, les offres de mes services, & je l'assûrai qu'aussi long-tems qu'elle s'accommoderoit de la Maison & des soins de son Hôte, elle n'y manqueroit de rien. L'adieu qu'elle me fit, me parut extrêmement passionné. Elle me donna le nom de son Maître, de son Roi, de son pere, & tous les noms tendres qui sont familiers aux femmes d'Orient.

Après avoir expédié quelques affaires importantes, je ne pus me mettre au lit, sans me représenter toutes les circonstances de ma visite. Elles me revinrent même en songe. Je me trouvai plein de cette idée à mon réveil, & mon premier soin fut de faire demander au Maître des Langues, comment Théophé avoit passé la nuit. Je ne me sentois point rappellé à elle par un panchant qui me causât de l'inquiétude ; mais ayant l'imagination remplie de ses charmes, & ne doutant point qu'ils ne fussent à ma disposition, j'avoue que je consultai ma délicatesse sur les premiéres répugnances que je m'étois senties à lier un commerce de plaisir avec elle. J'examinai jusqu'où ce caprice pouvoit aller, sans blesser la raison. Car les caresses de ses deux Amans lui avoient-ils imprimé quelque tache, & devois-je me faire un sujet de dégout de ce que je n'aurois point apperçû, si je l'avois ignoré ? Une flétrissure de cette espéce ne pouvoit-elle pas être réparée par le repos & les soins de quelques jours, sur-tout dans un âge où la nature se renouvelle incessamment par ses propres forces ? D'ailleurs ce que j'avois trouvé de plus vraisemblable dans son Histoire, étoit l'ignorance où elle étoit encore de l'amour. Elle avoit à peine seize ans. Ce n'étoit pas Chériber qui avoit pû faire naître de la tendresse dans son cœur, & l'enfance où elle étoit à Patras l'en avoit dû défendre avec le fils du Gouverneur, autant que le récit qu'elle m'avoit fait de ses dégouts. Je me figurai qu'il y auroit de la douceur à lui faire faire cet essai, &, je souhaitai, en y réfléchissant de plus en plus, d'avoir été assez heureux pour lui en faire éprouver déja quelque chose. Cette pensée servit plus que le raisonnement à diminuer mes scrupules de délicatesse. Je me levai tout différent de ce que j'étois la veille, & si je ne me proposai pas de brusquer l'avanture, je résolus d'en jetter du moins les fondemens avant la fin du jour.

J'étois invité à dîner chez le Sélictar. Il m'interrogea beaucoup sur l'état où j'avois laissé mon Esclave. Je le fis souvenir qu'elle devoit porter un autre nom, & l'asûrant que mon dessein étoit de la laisser jouir de tous les droits que je lui avois rendus, je le confirmai absolument dans l'opinion que je lui avois donnée de mon indifférence. Il s'en crut plus autorisé à me demander où elle étoit logée. Cette question m'embarrassa. Je ne pus m'en défendre que par un badinage agréable sur le repos dont elle avoit besoin en sortant du Sérail de Chériber, & sur le mauvais office que je lui rendrois en découvrant sa retraite. Mais le Selictar me jura si sérieusement qu'elle n'auroit rien à craindre de ses importunités, & qu'il ne pensoit ni à la troubler, ni à la contraindre, qu'après la confiance qu'il avoit eûe à mes sermens, je ne pus refuser avec bienséance de me rendre aux siens. Je lui appris la demeure du Maître de Langues. Il me renouvella sa parole, avec un air de sincérité qui me rendit tranquille. Notre entretien continua sur le mérite extraordinaire de Théophé. Ce n'étoit pas sans efforts qu'il avoit fait violence à son inclination Il me confessa qu'il ne s'étoit jamais senti plus touché par la figure d'une femme. Je me suis hâté de vous la rendre, me dit-il, de peur que ma foiblesse n'augmentât pour elle, en la connoissant mieux, & que l'amour ne devînt plus puissant que la Justice. Ce discours me parut d'un homme d'honneur, & je dois ce témoignage aux Turcs qu'il y a peu de Nations où l'équité naturelle soit plus respectée.

Tandis qu'il m'expliquoit ses sentimens avec cette noblesse, on lui annonça le Bacha Chériber, qui parut au même moment avec des marques de chaleur & d'agitation dont nous lui demandâmes impatiemment le sujet. Il étoit lié avec le Séliétar autant qu'avec moi, & c'étoit sur la recommandation de l'un que je me trouvois dans la même familiarité avec l'autre. Sa réponse fut de jetter à nos pieds un sac de Sequins d'or, qui contenoit mes mille Ecus. Qu'on est à plaindre, nous dit-il, d'être le jouet de ses Esclaves ! Voilà un Sac d'or que mon Intendant vous a volé, ajouta-t-il, en s'adressant au Séliétar. Et ce n'est pas son unique vol. A force de supplices je viens d'arracher de lui une horrible confession. Je ne lui ai conservé la vie que pour lui faire recommencer l'aveu de son crime à vos yeux. Je mourrois de honte, si cet infame Esclave ne me rendoit justice. Il proposa au Séliétar de permettre qu'il le fit introduire. Mais nous le priâmes l'un & l'autre de nous préparer à cette Scéne par quelques mots d'explication.

Il nous apprit qu'un autre de ses gens, jaloux à la vérité du pouvoir que l'Intendant avoit usurpé dans sa Maison, mais intéressé par cette raison à l'observer, s'étoit apperçû que l'Eunuque du Séliétar, qui étoit venu prendre la jeune Esclave, avoit compté beaucoup d'or à l'Intendant avant que de la recevoir de ses mains. Etant encore sans soupçon il lui avoit parlé de ce qu'il avoit vû, par la seule curiosité de sçavoir à quoi montoit cette somme. Mais l'Intendant, confus d'avoir été surpris,

pris, l'avoit conjuré auſſi-tôt de garder le ſilence, & lui avoit fait un gros préſent pour l'y engager. C'étoit éguiſer au contraire l'envie que l'autre avoit de le perdre. Ne doutant point qu'il ne ſe fût rendu coupable de quelque infidélité dont il craignoit le châtiment, il avoit découvert auſſi-tôt ſes conjectures au Bacha, qui n'avoit pas eu de peine à pénétrer la vérité. L'Intendant, preſſé par les menaces de ſon Maître, avoit confeſſé, que lorſque le Sélictar étoit venu propoſer au Bacha de lui vendre la jeune Grecque, il avoit entendu ces deux Seigneurs diſputer civilement ſur le prix de ſa rançon, & ſon Maître proteſter, que ſe croyant trop heureux de pouvoir obliger ſon illuſtre ami, il étoit réſolu de lui céder gratuitement ſon Eſclave. Ayant remarqué qu'ils s'étoient ſéparés ſans avoir fini ce combat de politeſſe, il avoit ſuivi le Sélictar, & lui avoit dit, comme s'il eût été envoyé par le Bacha, que puiſqu'il s'obſtinoit à ne pas recevoir l'Eſclave comme un préſent, il en donneroit la va-

I. *Partie.* H.

leur de mille écus. Il' avoit ajoûté qu'il étoit chargé de les recevoir, & de remettre l'Esclave à ceux qui la viendroient prendre par ses ordres. Chériber, qui lui avoit commandé au contraire de la conduire chez son ami, s'étoit reposé sur lui de ce soin, & n'avoit pas eu la moindre défiance du compte qu'il lui en avoit rendu. Mais apprenant qu'il n'avoit pas été moins joué que le Sélictar, sa colére avoit été furieuse. Et dans un homme à qui il confioit aveuglément la conduite de ses affaires, il avoit jugé que cette tromperie n'étoit pas la premiére. Ainsi, pour tirer l'aveu de ses autres crimes autant que pour le punir de celui-ci, il l'avoit fait tourmenter si cruellement à ses yeux, qu'il l'avoit forcé de révéler tout l'abus qu'il faisoit de sa confiance. L'avanture de Théophé avoit paru à Chériber une de ses plus noires friponneries. Il ne pouvoit lui pardonner les injustices qu'il lui avoit fait commettre contre une personne libre. Loin de la traiter en Esclave, nous dit-il, je l'aurois reçue comme ma fille, j'aurois respecté ses malheurs, j'aurois pris soin de sa fortune : & toute ma surprise est qu'elle ne m'ait jamais fait connoître la vérité par ses plaintes.

Ce récit me causa bien moins d'étonnement qu'au Séliétar. Cependant, je continuai de cacher ce qu'il étoit inutile de leur apprendre, & la maniére dont je parlai à Chériber fit concevoir au Séliétar que je souhaitois toujours de n'être pas mêlé dans cet avanture. L'Intendant ayant été introduit, son Maître le força de nous raconter dans quelles circonstances il avoit trouvé la jeune Grecque, & par quelle perfidie il avoit abusé de son innocence pour la faire passer dans l'Esclavage. Nous nous intéressâmes peu au sort de ce misérable, qui fut envoyé sur le champ au supplice qu'il avoit mérité.

Le Séliétar ne fit pas difficulté, après cette explication, de reprendre mes Sequins, qu'il fit porter chez moi le jour suivant. Mais à peine Chériber nous eut-il quittés, que revenant avec plus de chaleur que jamais à Théophé, il me demanda ce que je penſois d'une avanture ſi ſinguliére? Si elle n'eſt pas née pour l'eſclavage, me dit-il, il faut qu'elle ſoit d'une condition fort ſupérieure aux apparences. Son raiſonnement étoit fondé ſur ce qu'à la réſerve des états ſervils où l'on forme les jeunes gens à quelque talent particulier pour en faire un trafic, la bonne éducation, en Turquie comme ailleurs, eſt la marque d'une naiſſance au-deſſus du commun; à peu près comme l'on n'eſt point ſurpris en France de trouver de la bonne grace & des airs de politeſſe dans un Maître à danſer, tandis qu'on prendroit les mêmes dehors dans un inconnu pour des témoignages qui annoncent un homme de condition. Je laiſſai le Séliǎar dans ſes conjectures. Je ne lui communiquai pas même ce qui pouvoit les éclaircir. Mais je ne fus pas moins frappé de ſa réfléxion, & me rappellant cette partie du récit de Théophé qui regardoit la mort de ſon pere, je m'étonnai d'avoir fait ſi peu d'attention à l'enlévement d'une Dame Grecque & de ſa fille, dont on l'avoit accufé. Il ne me parut pas impoffible que Théophé n'eût été cet enfant de deux ans qui avoit difparu avec fa mere. Cependant, quel moyen de pouvoir obtenir là-deffus quelque lumiére ? Et n'en auroit-elle pas eu quelque défiance elle-même, fi elle eût vû dans cette avanture le moindre rapport avec les fiennes ? Je me propofai néanmoins de lui faire quelques nouvelles queftions pour fatisfaire ma curiofité, & je ne remis pas ce deffein plus loin qu'à ma vifite.

Mon Valet de chambre étant le feul de mes gens qui fçût mes relations avec Théophé, j'étois réfolu de tenir cette intrigue fecrete, & de ne prendre jamais que le tems du foir pour aller chez le Maître de Langues. Je m'y rendis à l'entrée de la nuit. Il m'apprit qu'une heure auparavant, il y étoit venu un Turc de fort bonne mine, qui avoit demandé avec empreffement à parler à la jeune Grecque, mais en lui donnant le nom de Zara, qu'elle avoit porté au Sérail. Elle avoit refufé de le voir. Après avoir marqué beaucoup de chagrin de ce refus, le Turc avoit laiſſé au Maître de Langues une caſſette dont il étoit chargé pour elle, avec un billet à la façon des Turcs, qu'il l'avoit prié inſtamment de lui faire lire. Théophé avoit refuſé également de recevoir le Billet & la caſſette. Le Maître de Langues me les remit. Je les pris avec moi en entrant dans l'appartement, & plus curieux qu'elle de pénétrer le fond de cette avanture, je l'excitai à ouvrir le billet en ma préſence. Il me fut plus aiſé qu'à elle de le reconnoître pour une galanterie du Séliĉtar. Les expreſſions en étoient meſurées; mais elles ne paroiſſoient pas moins partir d'un cœur pénétré de ſes charmes. On la prioit de ne rien craindre de la fortune, auſſi long-tems qu'elle daigneroit accepter les ſecours d'un homme qui n'avoit rien dont elle ne pût diſpoſer. En lui envoyant une ſomme d'argent, avec d'autres préſens conſidérables, il ne donnoit à cette généroſité que le nom d'un eſſai léger, qu'elle le trouveroit toujours prêt à redoubler. J'expliquai naturellement à Théophé de quelle main je croyois cette lettre, & j'ajoûtai, pour lui donner occasion de me découvrir ses sentimens, que le Sélictar avoit pour elle autant de respect que d'amour depuis qu'il ne la considéroit plus comme une Esclave. Mais elle parut si indifférente pour ce qu'il pensoit d'elle, qu'entrant sérieusement dans ses idées, je remis la cassette au Maître de Langues pour la rendre au Messager du Sélictar lorsqu'il reparoîtroit. Elle avoit quelque regret d'avoir ouvert sa lettre & de ne pouvoir feindre par conséquent d'ignorer ce qu'elle contenoit ; mais par une seconde réfléxion dont elle ne fut redevable qu'à elle-même, elle prit le parti de lui répondre. J'attendis curieusement quels termes elle alloit employer, car elle ne pensa point à me cacher son dessein. Une Dame de Paris, avec autant d'usage du monde que d'esprit & de vertu, n'auroit pas pris un autre ton pour éteindre l'amour & l'espérance dans le cœur d'un Amant. Elle donna, sans affectation, cette réponse au Maître de Langues, en le priant de lui épargner désormais tout ce qui pourroit ressembler à cette avanture.

Je ne déguiserai point que l'amour propre me fit expliquer ce sacrifice en ma faveur, & n'ayant point perdu le projet dont je m'étois rempli le matin, j'interrompis tout ce qui appartenoit au Séliçtar pour commencer par degrés à m'occuper de mes propres intérêts. Mais je fus interrompu moi-même par une infinité de réfléxions qui sortoient naturellement de la bouche de Théophée, & dont je reconnoissois la source dans quelque traits légers qui m'étoient échappés la veille. Son esprit porté de lui-même à méditer ne saisissoit rien qu'il n'étendît aussi-tôt pour le considérer sous toutes ses faces, & je remarquai qu'elle n'avoit point eu d'autre occupation depuis que je l'avois quittée. Elle me fit mille questions nouvelles, comme si elle n'eût pensé qu'à se préparer des sujets de méditation pour la nuit suivante. Etoit-elle frappée de quelqu'usage de ma Nation,

Nation ; ou de quelque principe qu'elle entendit pour la premiére fois, je la voyois un moment recueillie pour le graver dans fa mémoire; & quelquefois elle me prioit de le répéter, dans la crainte de n'avoir pas faifi tout le fens de mes expreffions, ou dans celle de l'oublier. Au milieu d'un entretien fi férieux, elle trouvoit toujours le moyen de mêler quelques témoignages de la reconnoiffance qu'elle me devoit; mais elle m'avoit jetté fi loin de mes prétentions par les difcours qui avoient précédé ces tendres mouvemens, que je ne pouvois revenir affez tôt à moi-même pour en tirer l'avantage que j'aurois fouhaité. D'ailleurs, l'intervalle étoit fi court, que me faifant paffer auffi-tôt à d'autres penfées par quelque nouvelle queftion, elle me mettoit dans la néceffité continuelle de paroître plus grave & plus férieux que je n'avois voulu l'être.

Dans l'ardeur qui la rappelloit fans ceffe à cette efpéce de Philofophie, à peine me laiffa-t-elle le tems de lui communiquer les foupçons que le Sélictar m'avoit fait naître sur son origine. Cependant, comme je n'avois pas besoin de préparations pour lui parler de son pere, je la priai de suspendre un moment sa curiosité, & ses réfléxions. Il m'est venu un doute, lui dis-je, & vous reconnoîtrez tout d'un coup que c'est l'admiration que j'ai pour vous qui me l'inspire. Mais avant que de vous l'expliquer, j'ai besoin de sçavoir si vous n'avez jamais connu votre mere. Elle me répondit qu'il ne lui en restoit pas la moindre trace. Je continuai : Quoi ? Vous ignorez à quel âge vous l'avez perdue ? Vous ne sçavez point par exemple si c'est avant cet enlévement dont on a fait le crime de votre pere ; & vous ignorez même si elle étoit différente de cette Dame Grecque qu'il avoit engagée à quitter son mari, & qui étoit accompagnée, si je me rappelle bien votre récit, d'une fille âgée de deux ans ?

Mon discours la fit rougir, sans que je pusse distinguer encore la cause de son émotion. Ses regards se fixérent sur moi. Enfin, rompant le silence qu'elle avoit gardé un moment ; vous seroit-il venu, me dit-elle, la même pensée qu'à moi, ou le hazard vous auroit-il procuré quelques lumiéres sur un doute dont je n'ai osé faire l'ouverture à personne ? Je ne pénétre point votre idée, repris-je, mais en admirant mille qualités naturelles qui vous distinguent du commun des femmes, je ne puis me persuader que vous soyiez née d'un pere aussi infâme que vous m'avez représenté le vôtre ; & plus je vous vois d'ignorance sur les premiers tems de votre vie, plus je suis portée à vous croire fille de ce même Seigneur Grec dont le Misérable qui vous donnoit faussement ce nom avoit enlevé la femme. Cette déclaration produisit sur elle un effet surprenant. Elle se leva dans une espéce de transport. Ah ! c'est ce que j'ai pensé long-tems, me dit-elle, sans avoir la hardiesse de m'en flatter tout à fait. Vous y voyez donc quelqu'apparence ? Ses yeux se couvrirent de larmes en me faisant cette question. Hélas ! reprit-elle aussi-tôt, pourquoi me remplir d'une idée qui ne peut servir qu'à augmenter ma honte & mes malheurs !

Sans pénétrer quel sens elle attachoit aux termes de malheur & de honte, j'écartai ces fâcheuses images en lui représentant au contraire qu'elle n'avoit rien de plus heureux à souhaiter que de se trouver née d'un autre pere que le scélérat qui avoit usurpé ce titre. Et le seul doute où elle étoit là-dessus me paroissant capable de confirmer le mien, je la pressai non-seulement de se rappeller tout ce qui pouvoit nous conduire à quelqu'éclaircissement pour le tems de son enfance, mais de m'apprendre si elle n'avoit point entendu à l'Audience du Cadi le nom de la Dame Grecque dont je la croyois fille, ou du moins celui des Accusateurs qui avoient traîné au supplice le malheureux auteur de toutes ses infortunes. Elle ne se rappella rien. Mais en nommant moi-même le Cady, il me parut que j'avois quelques lumiéres à espérer de ce Magistrat, & je promis à Théophé de prendre le lendemain des informations. Ainfi, cette foirée où je m'etois flatté de donner quelque chofe à la galanterie fe paſſa dans des difcuſſions de fortune & d'intérêts.

Je me fis un reproche, en me retirant, d'avoir gardé tant de mefures avec une femme qui fortoit du Sérail, fur tout après le récit qu'elle m'avoit fait des autres circonſtances de fa vie. Je me demandai à moi-même fi en fuppofant qu'elle eût pour moi toute l'inclination que je lui croyois encore, j'étois difpofé à m'attacher à elle dans le fens qu'on donne en France à ce qu'on appelle entretenir une femme ; & me trouvant moins d'éloignement que je n'en avois eu d'abord pour former cette forte de liaifon avec elle, il me fembla que fans employer tant de détours, je n'avois qu'à lui en faire naturellement la propofition. Si elle la recevoit avec autant de fatisfaction que je ne croyois pas devoir en douter, la paſſion du Séliɛtar ne pouvoit me caufer d'embarras lorfqu'il m'avoit déclaré lui même qu'il ne prétendoit rien obtenir de la viofence ; & quand les informations que que je voulois prendre me feroient découvrir sa naissance, ce qui la releveroit un peu à mes yeux n'empêchant point qu'elle n'eût essuyé les disgraces qu'elle m'avoit racontées, je ne voyois dans toutes les découvertes que je pouvois faire qu'une raison d'augmenter mon goût pour elle, sans qu'elle en fût moins propre au commerce où je voulois l'engager. Je m'arrêtai absolument à ce dessein. On voit combien j'étois encore éloigné de tous les sentimens d'amour.

M'étant fait conduire le lendemain chez le Cady, je lui rappellai l'affaire d'un Grec qu'il avoit condamné au supplice. Il l'avoit si peu oublié que m'en faisant aussi-tôt le détail, il me donna le plaisir de lui entendre répéter plusieurs fois les noms que je cherchois à connoître. Le Seigneur Grec, dont la femme avoit été enlevée, se nommoit *Paniota Condoidi*. C'étoit lui-même qui avoit reconnu le Ravisseur dans une rue de la ville, & qui l'avoit fait arrêter. Mais il n'avoit tiré de cette rencontre, ajouta le Cady, que la satisfaction d'être vangé; & sa femme, ni sa fille, ni ses joyaux, n'avoient point été retrouvés. J'admirai cette réfléxion, lorsqu'il me sembloit que tous les soins par lesquels on pouvoit parvenir à les retrouver effectivement, avoient été négligés. J'en marquai même quelque surprise au Cady. Que pouvois-je faire de plus ? me dit-il. Le criminel déclara que la Dame & sa fille étoient mortes. Cette déclaration devoit être sincére, puisque le seul moyen qui lui restoit de conserver sa vie étoit de les faire paroître, si elles eussent été vivantes: aussi n'eut-il pas plutôt entendu prononcer sa sentence, qu'il espéra de m'embarasser par des Fables; mais je reconnus bientôt qu'il ne cherchoit qu'à tromper ma justice.

Comme je me rappellois qu'en effet l'exécution de la sentence avoit été suspendûe, je priai le Cady de m'apprendre la cause de cet incident. Il me dit que le Criminel ayant demandé à lui parler à l'écart, lui avoit offert, pour obtenir la vie, non seulement de lui repréſenter la fille du Seigneur Condoidi, mais de la lui livrer ſecretement pour ſon Sérail; & que ſur le détail qu'il lui avoit fait de pluſieurs circonſtances, il avoit eû l'art de lui faire trouver quelqu'air de vérité dans cette promeſſe. Mais tous les mouvemens qu'on s'étoit donnés pour la découvrir, avoient été inutiles; & jugeant enfin que c'étoit l'artifice d'un malheureux, qui employoit le menſonge pour retarder ſon ſupplice, l'indignation qu'il avoit eûe de ſa hardieſſe & de ſon infamie, n'avoit ſervi qu'à lui faire hâter ſa mort. Je ne pus m'empêcher de communiquer à ce premier Juge des Turcs quelques réfléxions ſur ſa conduite. Qui vous empêchoit, lui dis-je, de garder quelques jours de plus votre Priſonnier, & de prendre le tems de vous procurer des informations dans les lieux où il avoit demeuré depuis ſon crime? Ne pouviez-vous pas le forcer de vous découvrir où la Dame Grecque étoit morte, & par quel accident il l'avoit perdûe? Enfin n'étoit-il pas aiſé de remonter fur ses traces, & de les suivre jusques dans les moindres circonstances ? C'est notre méthode en Europe, ajoutai-je, & si nous n'avons pas plus de zéle que vous pour l'équité, nous nous entendons mieux à la recherche du crime. Il trouva mes conseils si justes qu'il m'en fit des remercimens, & quelques discours qu'il ajouta sur l'exercice de sa profession me persuaderent que les Turcs ont plus de gravité que de lumiéres dans leurs Tribunaux de justice.

Avec le nom du Seigneur Grec, je tirai du Cady le lieu de sa demeure ; c'étoit une petite ville de la Morée, que les Turcs nomment *Acade*. Il ne me parut pas aisé d'y trouver tout d'un coup de la communicaion, & je pensai d'abord à m'adresser au Bacha de cette Province. Mais ayant appris qu'il se trouvoit à Constantinople quantité de Marchands d'Esclaves du même Pays, je fus si heureux que le premier chez lequel je me fis conduire, m'asûra que le Seigneur Condoidi n'avoit pas quitté cette Ville depuis plus d'un an, & qu'il y étoit connu de toutes les personnes de sa Nation. La difficulté n'étoit plus qu'à trouver sa Maison. Le Marchand d'Esclaves me rendit aussitôt ce service. Je ne différai point à m'y rendre, & mon ardeur redoublant par le succès de mes premiers soins, je crus toucher à l'éclaircissement que je désirois. La Maison & la figure du Seigneur Grec ne me donnerent point une haute idée de ses richesses. Il étoit d'une de ces anciennes familles, qui conservent moins de lustre que de fierté de leur noblesse, & qui dans l'abaissement où elles sont tenûes par les Turcs, n'oseroient même faire parade de leur bien, si elles en avoient assez pour vivre avec plus de distinction. Condoidi, qui avoit l'air en un mot d'un bon Gentilhomme Campagnard, me reçut civilement, sans avoir appris qui j'étois, car j'avois renvoyé mon Equipage en quittant le Cady ; & paroissant attendre sans empressement mes explications, il me donna tout le tems de lui faire le discours que j'avois médité. Après lui avoir témoigné que je n'ignorois point ses anciennes infortunes, je le priai de pardonner à l'intérêt que diverses raisons m'y faisoient prendre, une curiosité qu'il pouvoit satisfaire aisément. C'étoit celle de sçavoir de lui-même depuis quel tems il avoit perdu sa femme & sa fille. Il me répondit qu'il y avoit quatorze ou quinze ans. Ce tems répondoit si juste à l'âge de Théophé, du moins en y joignant les deux ans qu'elle avoit alors, que je crus mes doutes à demi-levés. Croyez-vous, repris-je, que malgré la déclaration du Ravisseur, il soit impossible que l'une des deux vive encore ; & s'il paroît à désirer pour vous que ce soit votre fille, n'auriez-vous pas quelque reconnoissance pour ceux qui vous feroient voir quelque jour à la retrouver ? Je m'attendois que cette demande alloit exciter ses transports. Mais demeurant dans sa pesanteur, il me dit que le tems, qui avoit guéri la douleur de sa perte, empêchoit aussi qu'il ne souhaitât des miracles pour la réparer ; qu'il avoit plusieurs fils, à qui l'héritage qu'il devoit laisser, suffiroit à peine pour soutenir l'honneur de leur naissance, & qu'en supposant d'ailleurs que sa fille vécût, il étoit si difficile qu'elle eût conservé quelque sagesse entre les mains d'un scélérat & dans un Pays tel que la Turquie, qu'il ne se persuaderoit jamais qu'elle fût digne de reparoître dans sa famille.

Cette derniére objection me parut la plus forte. Cependant le premier moment me paroissant décisif pour les sentimens de la nature, je pris le parti de réunir tout ce qui étoit capable de les réveiller. Je n'examine point, lui dis-je vivement, la force de vos scrupules ou de vos raisons, parce qu'elle ne peut rien changer à la certitude d'un fait. Votre fille vit. Laissons sa vertu, dont je ne puis répondre ; mais j'ose vous garantir qu'il ne manque rien à son esprit ni à ses charmes. Il dépend de vous de la revoir à ce moment, & je vais vous laisser par écrit le lieu de sa demeure. En effet m'étant fait donner une plume, je lui écrivis le nom du Maître de Langues, & je me retirai aussitôt.

J'étois persuadé que s'il n'étoit pas tout à fait insensible, il ne résisteroit pas un instant à l'impulsion de la nature, & je partis si plein d'espérance que pour me procurer un fpectacle agréable, j'allai directement chez le Maître de Langues, où je m'imaginois qu'il feroit peut-être auffitôt que moi. Je n'entrai pas chez Théophé, parce que je voulois me faire un plaifir de fa furprife. Mais quelques heures s'étant paffées fans qu'il eût parû, je commençai à craindre de m'être trop flaté, & je découvris enfin à celle que rien ne pouvoit plus m'empêcher de regarder comme fa fille, ce que j'avois fait pour remplir ma promeffe. Le témoignage du Malheureux qui avoit abufé de fon enfance, fit fur elle plus d'impreffion que tout le refte. Je ne ferai point affligée, me dit-elle, de demeurer incertaine de ma naiffance; & quand je ferois sûre de la devoir à votre Seigneur Grec, je ne me plaindrois pas qu'il fît difficulté de me reconnoître. Mais je remercie le Ciel du droit qu'il me donne déformais de refufer le nom de pere à l'homme du monde à qui je devois le plus de haine & de mépris. Elle parut fi touchée de cette penfée, que fes yeux s'étant remplis de larmes, elle me répéta vingt fois que c'étoit à moi qu'elle croyoit devoir la naiſſance, puiſque c'étoit lui en donner une ſeconde que de la délivrer de l'infamie de la premiére.

Mais je ne crus point mon ouvrage achevé, & dans la chaleur qui m'en reſtoit encore, je lui propoſai de m'accompagner chez Condoidi. La nature a des droits contre leſquels ni la groſſierté ni l'intérêt ne rendent jamais le cœur aſſez fort. Il me parut impoſſible qu'en voyant ſa fille, en l'entendant, en recevant ſes embraſſemens & ſes regards, il ne fut point ramené malgré lui aux ſentimens qu'il lui devoit. Il ne m'avoit point fait d'objection contre la poſſibilité de la retrouver. J'eſpérai que la nature triompheroit de toutes les autres. Théophé me laiſſa voir quelque crainte. Ne ferai-je pas mieux, me dit-elle, de demeurer inconnûe, & cachée même à toute la terre? Je n'approfondiſſois point la cauſe de ces mouvemens, & je la forçai preſque malgré elle à m'accompagner.

Il étoit aſſez tard. J'avois paſſé

seul une partie du jour chez le Maître de Langues, & m'accoutumant
déja à cet air de commerce dérob-
bé, je m'y étois fait apporter à dîner par mon Valet de chambre.
Avant que j'eusse déterminé la jeune Grecque à sortir avec moi, la
nuit avoit commencé à s'approcher;
de sorte que l'obscurité se trouvoit
déja épaisse, lorsque nous arrivâmes
chez Condoidi. Il n'étoit pas revenu de la ville, où ses affaires l'a-
voient appellé dans l'après-mi-
di ; mais un de ses Domestiques,
qui m'avoit vû le matin, me dit
qu'en l'attendant, je pouvois parler
à ses trois fils. Loin de rejetter cette proposition, je la regardai comme ce que j'avois à souhaiter de plus
heureux. Je me fis introduire avec
Theophé, qui avoit la tête couver-
te d'un Voile. A peine eus-je fait connoître aux trois jeunes gens que j'a-
vois rendû le même jour une visite
à leur pere, & que j'étois rappellé
chez lui par le même sujet, qu'ils
me parurent informé de ce qui m'a-
menoit ; & celui que je pris à son
air pour l'aîné me répondit froide-

ment qu'il y avoit peu d'apparence que je fiſſe goûter à ſon pere une Hiſtoire vague & ſans vraiſemblance. Je ne lui répondis que par le détail des raiſons qui me la faiſoient regarder d'un autre œil, & lorſque je les eus fortifiées par mes raiſonnemens, je priai Theophé de lever ſon Voile, pour laiſſer le tems à ſes freres de démêler ſur ſon viſage quelques traits de famille. Les deux aînés la conſidérerent avec beaucoup de froideur; mais le plus jeune dont l'âge ne paroiſſoit pas ſurpaſſer dix-huit ans, & qui m'avoit frappé d'abord par la reſſemblance que je lui avois trouvée avec ſa sœur, n'eût pas jetté deux fois les yeux ſur elle que s'avançant les bras ouverts, il lui donna mille tendres embraſſemens. Théophé n'oſant encore ſe livrer à ſes careſſes, tâchoit modeſtement de s'en défendre. Mais les deux autres ne la laiſſerent point long-tems dans cet embarras. Ils s'approcherent bruſquement pour la tirer des bras de leur frere, en le menaçant de l'indignation de Condoidi, qui ſeroit vivement offenſé sé du parti qu'il prenoit contre ses intentions. Je fus moi même indigné de leur dureté, & je leur en fis des reproches picquans, qui ne m'empêcherent point d'inviter Théophé à s'asseoir pour attendre Condoidi. Outre mon Valet de chambre, j'avois avec moi le Maître de Langues, & deux hommes suffisoient pour me mettre à couvert de toutes sortes d'insultes.

Enfin le Pere arriva ; mais, ce que je n'avois pas prévû, à peine eut-il appris que je l'attendois, & que j'étois accompagnée d'une jeune fille, que sortant avec autant de diligence que s'il eût été menacé de quelque péril, il me fit dire par le Domestique qui m'avoit reçu, qu'après l'explication qu'il avoit eue avec moi, il s'étonnoit que je prétendisse le forcer de recevoir une fille qu'il ne reconnoissoit point. Choqué comme je le fus de cette grossiéreté, je pris Théophé par la main, & je lui dis que sa naissance ne dépendant point du caprice de son pere, il importoit peu qu'elle fût reconnue de Condoidi, lorsqu'il paroissoit

I. Partie. K

manifestement qu'elle étoit sa fille. Le témoignage du Cady & le mien, ajoûtai-je, auront autant de force que l'aveu de votre famille; & je ne vois rien d'ailleurs à regreter pour vous dans l'amitié qu'on vous refuse ici. Je sortis avec elle, sans qu'on me fit la moindre civilité pour me conduire à la porte. N'ayant rien à exiger de trois jeunes gens dont je n'étois pas connu, je leur pardonnai plus aisément leur impolitesse que la dureté avec laquelle ils avoient traité leur sœur.

Cette malheureuse fille paroissoit plus affligée de cette disgrace que je ne l'en eusse crue capable après la difficulté qu'elle avoit marquée à me suivre. Je remettois à lui déclarer mes vûes chez le Maître de Langues, & ce qui venoit d'arriver les favorisoit. Mais l'air de tristesse qu'elle conserva pendant toute la soirée me fit penser ensuite que ce moment étoit mal choisi. Je me bornai à lui répéter plusieurs fois qu'elle devoit être tranquille avec la certitude qu'elle avoit de ne manquer de rien. Elle me dit que ce qui la touchoit le plus dans mes offres étoit l'assurance qu'elle y trouvoit de la continuation de mes sentimens pour elle ; mais quoique ce compliment eut l'air affectueux, il me parut accompagné de tant d'amertume de cœur, que je voulus laisser à son chagrin le tems de la nuit pour se dissiper.

Je le passai avec plus de tranquillité, parce que m'étant fixé enfin à mes résolutions, la naissance de Théophé qui passoit pour certaine à mes yeux avoit achevé d'effacer les idées importunes qui revenoient toujours blesser ma délicatesse. Elle avoit essuyé des épreuves révoltantes ; mais avec tant de belles qualités & la noblesse de son origine, en aurois-je voulu faire ma Maîtresse si elle n'eût rien eu à se reprocher du côté de l'honneur ? Il se faisoit de ses perfections & de ses taches une compensation qui sembloit la rendre propre à l'état où je voulois l'engager. Je m'endormis dans cette idée, à laquelle il falloit bien que j'attachasse déja plus de douceur que je ne me l'étois jusqu'alors imaginé, puisque je fus si sensible à la nouvelle qui vint troubler mon réveil. Ce fut le Maître de Langues, qui fit demander instamment à me parler sur les neuf heures. Théophé, me dit-il, vient de partir dans une Voiture qui lui a été amenée par un inconnu. Elle ne s'est pas fait presser pour le suivre. Je m'y serois opposé, ajoûta-t-il, si vous ne m'aviez donné des ordres précis de la laisser libre dans toutes ses volontés. J'interrompis ce cruel discours par une exclamation qui ne fut pas réfléchie. Ah! que ne vous y opposiez-vous, m'écriai-je, & n'avez-vous pas dû comprendre mieux le sens de mes ordres? Il se hâta d'ajoûter qu'il n'avoit pas laissé de lui représenter à son départ, que je serois surpris d'une résolution si précipitée & qu'elle me devoit du moins quelqu'éclaircissement sur sa conduite. Elle avoit répondu qu'elle ignoroit elle-même à quoi elle alloit s'exposer, & que de quelque malheur qu'elle fût menacée, elle prendroit soin de m'informer de son fort.

On prendra l'idée qu'on voudra des motifs qui m'échaufferent le sang. J'ignore moi-même de quelle nature ils étoient. Mais je me levai avec des mouvemens que je n'avois jamais sentis, & renouvellant amérement mes plaintes au Maître de Langues, je lui déclarai avec la même ardeur que mon amitié ou mon indignation dépendoient des efforts qu'il alloit faire pour découvrir les traces de Théophé. Comme il n'ignoroit point tout ce qui s'étoit passé depuis qu'elle étoit chez lui, il me dit que s'il n'y avoit rien de plus caché dans ses avantures que ce qu'il en connoissoit, l'inconnu qui l'étoit venu prendre ne pouvoit être qu'un Messager de Condoidi ou du Séliétar. L'alternative me parut aussi certaine qu'à lui. Mais je la trouvai également chagrinante, & sans chercher les raisons qui me causoient un trouble si pressant, j'ordonnai au Maître de Langues d'aller successivement chez le Séliétar & chez le Condoidi. Je ne lui donnai point d'autre commission chez le premier, que de prendre des informations à la porte sur les personnes qu'on y avoit vûes depuis neuf heures. A l'égard de l'autre, je le chargeai formellement de sçavoir de lui-même si c'étoit lui qui avoit envoyé chercher sa fille.

J'attendis son retour avec une impatience qui ne peut être exprimée. Il rapporta si peu de fruit de son voyage, que dans la fureur où me jetta ce redoublement d'obscurité, mes soupçons se tournerent sur lui-même. Si j'osois m'arrêter, lui dis-je avec un regard terrible aux défiances qui m'entrent dans l'esprit, je vous ferois traiter sur le champ d'une maniére si cruelle, que j'arracherois de vous la vérité. Il fut effrayé de mes menaces, & se jettant à mes pieds, il me promit l'aveu de ce qu'il ne s'étoit laissé engagé à faire, me dit-il, qu'avec la derniére répugnance & sans autre motif de compassion. Je brûlois de l'entendre. Il m'apprit que la veille, peu de momens après que j'avois quitté Théophé, elle l'avoit fait appeller dans sa chambre, & qu'après un discours fort touchant sur sa situation, elle lui avoit demandé son secours pour exécuter une résolution à laquelle elle étoit absolument déterminée. Ne pouvant soutenir plus long-tems, lui avoit-elle dit, les regards de ceux qui connoissoient sa honte & ses infortunes, elle avoit pris le parti de quitter secrétement Constantinople & de se rendre dans quelque Ville d'Europe où elle pût trouver un azyle dans la générosité de quelque famille Chrétienne. Elle confessoit, qu'après les faveurs qu'elle avoit reçues de moi, c'étoit les reconnoître mal que de se dérober sans ma participation, & d'avoir manqué de confiance pour son Bienfaiteur. Mais comme j'étois l'homme du monde à qui elle avoit le plus d'obligation, j'étois aussi celui pour qui elle avoit le plus d'estime, & par conséquent celui dont la présence, les discours & l'amitié renouvelloient le plus vivement la honte de ses avantures. Enfin ses instances plutôt que ses raisons, avoient engagé le Maître de Langues à la conduire dès la pointe du jour au Port, où elle avoit trouvé un Vaisseau Messinois dont elle étoit résolue de profiter pour se rendre en Sicile.

Où est-elle, interrompis-je avec une impatience encore plus vive ? Voilà ce que je vous demande, & ce qu'il falloit m'apprendre tout d'un coup ? Je ne doute point, me dit-il, qu'elle ne soit ou sur le Vaisseau Messinois, qui ne doit mettre à la voile que dans deux jours, ou dans une Hôtellerie Grecque où je l'ai conduite sur le Port. Hâtez-vous d'y retourner, repris-je impétueusement; engagez-la sur le champ à revenir chez vous. Gardez-vous de reparoître sans elle, ajoûtai-je en joignant la menace à cet ordre ; je ne vous dis point tout ce que vous avez à redouter de ma colére si je ne la vois point avant midi. Il alloit sortir sans répliquer. Mais dans le mouvement qui m'agitoit, troublé de mille craintes que je ne m'arrêtois pas à démêler, je pensois que tout ce que je ne ferois pas moi-même seroit ou trop lent ou trop incertain. Je le rappellai. Avec la connoissance que j'avois de la Langue, il me parut aisé d'aller au Port & de m'y mêler dans la foule

sans

Pagination incorrecte — date incorrecte

NF Z 43-120-12

sans être reconnu. Je veux vous accompagner, lui dis-je. Après m'avoir trahi si cruellement, vous ne méritez plus ma confiance.

Mon dessein étoit de sortir à pied, vêtu simplement & sans autre suite que mon Valet de chambre. Le Maître de Langues s'efforça tandis que je m'habillois de se rétablir dans mon esprit, par toutes sortes d'excuses & de soumissions. Je ne doutai point qu'il ne fût entré quelque motif d'intérêt dans ses vûes. Mais prêtant peu d'attention à ses discours, je ne m'occupois que de la démarche que j'allois faire. Malgré toute l'ardeur que je me sentois pour retenir Théophé à Constantinople, il me sembloit que si j'eusse pu m'assurer de ses intentions & me persuader qu'elle vouloit prendre sérieusement le parti d'une vie sage & retirée, j'aurois moins pensé à combattre son dessein qu'à le seconder. Mais en la supposant sincére, quelle apparence à son âge de pouvoir résister à toutes les occasions qu'elle alloit avoir de retomber dans de nouvelles avantures? Le Capitaine Messinois, le premier Passager qui se trouveroit avec elle sur le Vaisseau, tout m'étoit suspect. Et si elle ne paroissoit point destinée par son sort à une conduite plus réglée que celle des premières années de sa vie, pourquoi me laisser enlever par un autre les douceurs que je m'étois proposé de goûter avec elle? Telles étoient encore les bornes où je croyois renfermer mes sentimens. J'arrivai à l'Hôtellerie où le Maître de Langues l'avoit laissée. Elle n'en étoit pas sortie. Mais on nous apprit qu'elle étoit dans sa chambre avec un jeune homme qu'elle avoit fait appeler en le voyant passer sur le Port. Je demandai curieusement les circonstances de cette visite. Théophé, que le jeune homme avoit reconnue aussi-tôt & qu'il avoit embrassée avec la plus vive tendresse, avoit paru répondre fort librement à ses caresses. Ils s'étoient enfermés ensemble, & personne ne les avoit interrompus depuis plus d'une heure.

Je crus toutes mes prédictions déja remplies, & dans le dépit dont je ne pus me défendre, il s'en fallut peu que renonçant à toute liaison avec Théophé je ne retournasse chez moi sans la voir. Mais le motif qui me faisoit agir continuant de se déguiser, je voulus donner à la curiosité ce qu'il me sembloit que je ne souhaitois plus par aucun autre intérêt. Je fis monter le Maître de Langues, pour l'avertir que je demandois à lui parler. Le trouble où la jetta mon nom lui ôta long-tems le pouvoir de répondre. Enfin le Maître de Langues revenant à moi, me dit que le jeune homme qu'il avoit trouvé avec elle étoit le plus jeune des trois fils de Condoidi. J'entrai aussi-tôt. Elle fit un mouvement pour se jetter à mes pieds; je la retins malgré elle; & plus tranquille en reconnoissant son frere que je n'aurois dû l'être après tant d'agitation, si mes sentimens n'avoient point été d'une autre nature que je ne les croyois encore, je pensai bien moins à lui faire des reproches qu'à lui marquer la joie que j'avois de la retrouver.

En effet comme s'il étoit arrivé

L ij

quelque changement dans mes yeux depuis le jour précédent, je demeurai quelque tems à la regarder avec un goût, ou plutôt avec une avidité que je n'avois jamais sentie. Toute sa figure, pour laquelle il m'avoit paru jusqu'alors que je n'avois eu qu'une admiration modérée, me touchoit jusqu'à me faire avancer ma chaise avec une espéce de transport, pour me placer plus près d'elle; La crainte que j'avois eue de la perdre sembloit augmenter en la retrouvant. J'aurois voulu qu'elle fût déja retournée chez le Maître de Langues, & la vûe de plusieurs Vaisseaux parmi lesquels je me figurois que devoit être celui du Messinois me causoit une inquiétude qui m'échauffoit le sang. Vous me quittiez donc, Théophé, lui dis-je tristement, & lorsque vous avez pris la résolution d'abandonner un homme qui vous est si dévoué, vous avez compté pour rien la douleur que votre départ m'alloit causer. Mais pourquoi me quitter sans m'avoir averti de votre projet? Avez-vous trouvé que j'aye mal répondu à votre confiance?

Elle tenoit les yeux baiſſés, & j'en voyois couler quelques larmes. Cependant les levant ſur moi avec un air de confuſion, elle m'aſſura qu'elle n'avoit rien à ſe reprocher du côté de la reconnoiſſance ; & ſi le Maître de Langues, me dit-elle, m'avoit rendu compte des ſentimens qu'elle emportoit pour moi, je ne devois pas la ſoupçonner d'ingratitude. Elle continua de ſe juſtifier par les mêmes raiſons qu'il m'avoit apportées, & venant au jeune Condoidi, que je pouvois être ſurpris de trouver dans ſa chambre, elle me confeſſa que l'ayant vû paſſer, le ſouvenir de l'affection qu'il lui avoit marquée la veille l'avoit portée à le faire appeller. Ce qu'elle venoit d'apprendre par ſon témoignage devenoit pour elle une nouvelle raiſon de précipiter ſon départ. Condoidi avoit déclaré à ſes trois fils qu'il ne lui reſtoit pas le moindre doute qu'elle ne fût leur ſœur ; mais n'en étant pas plus diſpoſé à la recevoir dans ſa famille, il avoit défendu au contraire à ſes fils de former la moindre liaiſon avec elle, & sans expliquer le fond de ses idées, il paroissoit rouler secrétement quelque noir projet. Le jeune homme, charmé de rencontrer sa sœur, pour laquelle il sentoit redoubler son affection, l'avoit exhortée lui-même à se défier de l'humeur de son pere; & la trouvant déterminée à s'éloigner de Constantinople, il lui avoit offert de se joindre à elle pour l'accompagner dans son voyage. Quel conseil donneriez-vous à une malheureuse, ajoûta Théophé, & quel autre parti me reste t-il à choisir que la fuite?

J'aurois pu lui répondre que la plus forte raison qu'elle eut de fuir étant la crainte qu'on lui inspiroit de son pere, le sujet de mes plaintes n'en subsistoit pas moins, puisque ce nouveau malheur n'étoit venu qu'après sa résolution. Mais faisant tout céder à l'envie de la retenir, & n'exceptant pas même son frere de mes défiances, je lui représentai que si son départ étoit juste & nécessaire; il devoit être accompagné de quelques mesures, dont elle ne pouvoit se dispenser sans imprudence. Et l'accufant encore de n'avoir pas fait affez de fond fur mes fervices, je la preffai de fufpendre fon deffein pour me donner le tems de lui chercher quelqu'occafion moins dangereufe que celle d'un Capitaine inconnu. A l'égard du jeune Condoidi, dont je louois le bon naturel, je lui offris de le prendre chez moi, où elle devoit fe perfuader aifément que pour la douceur de la vie & pour le foin de fon éducation il n'auroit point à regreter la maifon de fon pere. Je ne fçais fi ce fut fa timidité feule qui la fit céder fans réfiftance à mes follicitations ; mais jugeant par fon filence qu'elle confentoit à me fuivre, je fis amener une Voiture pour la conduire moi-même chez le Maître de Langues. Il lui dit à l'oreille quelques mots que je ne pus diftinguer. Condoidi, qui avoit fçu d'elle qui j'étois, marqua tant de joie de mes offres que je pris plus mauvaife opinion que jamais d'un pere dont je voyois le fils fi content d'en être délivré ; & l'un de mes motifs étoit l'envie d'être informé à fond de tout ce qui appartenoit à cette famille.

En retournant chez le Maître de Langues, je me propofois bien de ne pas différer plus long-tems l'ouverture que je voulois faire à Théophé des vûes que j'avois fur elle. Mais n'ayant pu me dégager avec bienféance du jeune Condoidi, qui fembloit craindre que je n'oubliaffe ma promeffe en le perdant de vûe un moment, je fus forcé de me réduire à des expreffions vagues dont je ne m'étonnai point qu'elle ne parût pas comprendre le fens. Ce Langage étoit néanmoins fi différent de celui dont j'avois toujours ufé avec elle, qu'avec autant d'efprit qu'elle en avoit naturellement, elle dut s'appercevoir qu'il venoit de quelqu'autre fource. Le feul changement que je mis chez le Maître de Langues, fut d'y laiffer mon Valet de chambre, fous prétexte que Théophé n'avoit encore perfonne pour la fervir; mais au fond, pour m'affurer de toutes fes démarches, en attendant que j'euffe trouvé pour elle quelqu'Efclave dont la fidélité pût me rendre tranquille. Je comptois de m'en procurer deux, c'est-à-dire un de chaque sexe, & de les lui mener le même soir. Condoidi me suivit chez moi. Je lui fis quitter aussi-tôt l'habit grec pour le vêtir plus proprement à la Françoise. Ce changement lui fut si avantageux, que j'avois vû peu de jeunes gens d'une figure si aimable. C'étoit les mêmes traits & les mêmes yeux que ceux de Théophé, avec une taille admirable, dont son premier habit cachoit tout l'agrément. Il lui manquoit néanmoins mille choses qu'il auroit pu recevoir de l'éducation, & qui continuoient de me faire juger fort mal des usages & des sentimens de la Noblesse Grecque. Mais c'étoit assez de l'opinion où j'étois qu'il touchoit de si près par le sang à Théophé, pour me faire apporter tous mes soins à perfectionner ses qualités naturelles. Je donnai ordre qu'il fût servi de mes Domestiques avec autant d'attention que moi-même, & j'engageai dès le même jour différens Maîtres pour le former dans toutes sortes d'exercices. Je ne remis pas plus loin non plus à lui demander quelqu'éclaircissement sur sa famille. Je connoissois l'ancienneté de sa noblesse, mais les lumiéres que je désirois étoient celles que je pouvois rendre utiles à Théophé.

En me répétant ce que je sçavois déja de l'ancienne noblesse de son pere, il m'apprit qu'il prétendoit descendre d'un Condoidi, qui étoit Général du dernier Empereur Grec, & qui avoit fait trembler Mahomet II. peu de jours avant la prise de Constantinople. Il tenoit la Campagne avec des Troupes considérables ; mais la situation de l'Armée Turque ne lui permettant point d'en approcher, il prit la résolution, sur les derniéres nouvelles du misérable état de la Ville, de sacrifier sa vie pour sauver l'Empire d'Orient. Ayant choisi cent de ses plus braves Officiers, il leur proposa de le suivre par des chemins où il n'y avoit point d'espérance de faire passer une Armée, & s'y engageant à leur tête dans la plus grande obscurité de la nuit, il parvint au Camp de Mahomet, qu'il s'étoit promis de tuer dans fa Tente. Les Turcs fe croyoient en effet fi couverts de ce côté-là, que la Garde y étoit foible & négligeante. Il pénétra, finon jufqu'à la Tente de Mahomet, du moins jufqu'à celles qui l'environnoient & qui appartenoient à fon Equipage. Ne s'arrêtant point à faire main-baffe fur des Ennemis qu'il trouvoit enfevelis dans le fommeil, il ne penfoit qu'à s'approcher du Sultan, & fes premiers pas furent heureux. Mais une femme Turque, qui fe déroboit apparemment d'une Tente pour paffer dans une autre, entendit le bruit fourd d'une marche qui l'allarma. Elle retourna fur fes traces avec une frayeur qu'elle communiqua tout d'un coup autour d'elle. Condoidi, auffi fage que vaillant, défefpéra auffi-tôt de réuffir, & croyant fa vie néceffaire à fon Maître lorfqu'elle ne pouvoit fervir à le défaire de fon Ennemi, il tourna fon courage & fa prudence à s'ouvrir un paffage, pour fe fauver avec les Compagnons de fon entreprife. Dans la premiére confufion des Turcs, il s'échappa fi heureusement qu'il ne perdit que deux hommes. Mais il n'avoit conservé la vie que pour la perdre encore plus glorieusement dans l'affreuse révolution qui arriva deux jours après. Ses enfans, qui étoient dans le premier âge, demeurerent sujets des Turcs, & l'un d'eux se fit un établissement dans la Morée, où ses descendans essuyerent encore une infinité d'avantures. Enfin, leur Maison se trouvoit réduite à ceux qui éroient alors à Constantinople, & à un Evêque Grec du même nom, dont le Siége étoit dans quelque Ville d'Arménie. Leur bien consistoit encore en deux Villages, qui leur rapportoient environ mille écus de notre Monnoye, & dont la propriété passoit aux aînés, par un privilége assez rare dans les Etats du Grand Seigneur & qui faisoit la seule distinction de leur famille.

Mais d'autres espérances avoient amené à Constantinople le Pere & ses enfans, & c'étoit apparemment ce qui causoit leur dureté pour Théophé. Un riche Grec, leur proche parent, avoit fait un Testament à sa mort, par lequel il leur laissoit tout son bien, à la seule condition que l'Eglise n'eût aucun reproche à leur faire du côté de la Religion & de la liberté; deux sortes de mérite dont toute la Nation Grecque est extrêmement jalouse. Et l'Eglise, c'est-à-dire, le Patriarche & les Suffragans, qui étoient établis les Juges de cette disposition, avoient d'autant plus d'intérêt à ne se pas rendre trop faciles, qu'ils étoient substitués aux Légataires dans le cas qui les excluoit de la succession. La femme de Condoidi avoit été enlevée dans ces circonstances, & les Prélats Grecs n'avoient pas manqué de faire valoir l'incertitude de son sort & de celui de sa fille, comme un obstacle à l'exécution du Testament. Delà venoit, que Condoidi, après avoir reconnû son Intendant, avoit moins pensé à faire des informations sur les avantures de sa femme & de sa fille, qu'à faire punir son Ravisseur, aussi-tôt qu'il s'étoit reconnu coupable de l'enlévement & qu'il avoit déclaré leur mort. Il avoit espéré que dans quelque situation qu'elles eussent pû tomber ; la connoissance en seroit ensevelie avec lui. N'ayant pas même ignoré la confidence que ce misérable avoit faite au Cady, il avoit été le plus ardent à la faire passer pour une imposture, & il n'avoit point eû de repos qu'il ne l'eût vû conduire au supplice. A la vérité le Patriarche n'en paroissoit pas plus disposé à lui abandonner l'héritage ; & ne se contentant point d'un témoignage de mort, il vouloit des preuves dont Condoidi croyoit pouvoir se dispenser. Sa fille, présentée à lui comme si elle étoit tombée du Ciel, l'avoit jettée dans une mortelle allarme. Loin d'être porté à faire examiner sur quoi elle fondoit ses prétentions, & par quelle avanture elle se trouvoit à Constantinople, il redoutoit tous les éclaircissemens qui pouvoient nuire à ses espérances. Enfin s'étant persuadé qu'après la mort de l'Intendant, elle auroit beaucoup de peine à prouver la vérité de sa naissance, il s'étoit arrêté au parti, non seulement de ne la pas reconnoître, mais de l'accuser même d'imposture, & de solliciter sa punition, si elle entreprenoit de faire éclater les droits qu'elle s'attribuoit.

Et je suis trompé, ajouta le jeune homme, s'il n'a pas formé quelque dessein plus terrible; car nous l'avons vû, depuis votre visite, dans une agitation qu'il n'a jamais sans quelque effet extraordinaire, & je n'ose vous dire de quoi la haine & la colére l'ont quelquefois rendu capable.

Ce récit me persuada que Théophé réussiroit difficilement à rentrer dans les droits de la nature; mais je m'allarmai peu des intentions de son pere, & quelque voie qu'il pût chercher pour lui nuire, je me flatai de la défendre aisément de ses entreprises. Cette pensée me fit même abandonner le dessein que j'avois toujours eû de lui laisser ignorer qui j'étois, ou du moins l'intérêt que je prenois à sa fille. Je pressai au contraire son fils de le voir dès le même jour, autant pour lui déclarer que je prenois Théophé sous ma protection, que pour lui apprendre l'amitié que je marquois à ce jeune homme en le recevant chez moi. Sur le champ, je fis chercher deux Efclaves, tels que je les jugeai néceffaires à de nouveaux arrangemens qui me venoient à l'efprit, & n'attendant que le foir pour les commencer, je me rendis chez le Maître de Langues à l'entrée de la nuit.

Mon Valet de chambre m'attendoit avec impatience. Il avoit été vivement tenté pendant le jour de quitter le Pofte, où je l'avois attaché, pour me venir rendre compte de quelques obfervations qui lui avoient parû importantes. Le Meffager du Sélictar étoit venu avec de riches préfens, & le Maître de Langues l'avoit entretenu fort long-tems d'un air fort myftérieux. Mon Valet, qui n'entendoit point la Langue Turque, avoit affecté d'autant plus aifément de ne rien remarquer, que n'efpérant point de recueillir leurs difcours, il s'étoit réduit à les obferver dans l'éloignement. Ce qui lui avoit paru le plus étrange, étoit d'avoir vû les préfens du Sélictar
acceptés

acceptés de fort bonne grace par le Maître de Langues. C'étoient des étoffes précieuses, & quantité de Bijoux à l'usage des femmes. Il s'étoit attaché à découvrir de quel air ils seroient reçus de Théophé; mais il m'a Jura qu'ayant eu continuellement les yeux sur la porte de son appartement, & le plus souvent qu'il avoit pu sur elle-même, il n'avoit pas vû porter ses galanteries dans sa chambre.

J'avois si peu de ménagemens à garder avec le Maître de Langues, que ne voulant point d'autre explication que de lui-même, je le fis appeller aussi-tôt pour me rendre compte de cette conduite. Il comprit au premier mot qu'il avoit mal réussi à se déguiser. Et ne se promettant rien de l'artifice, il prit le parti de m'avouer naturellement qu'avec la participation de Théophé, à qui il avoit représenté ses besoins, il avoit tourné les présens du Sélictar à son usage. La somme d'argent avoit eu le même sort que les étoffes. Je suis pauvre, me dit-il; j'ai fait entendre à Théophé que

I. Partie. M

les préfens font à elle fans doute, puifqu'ils lui font envoyés fans condition; & la reconnoiffance qu'elle a cru devoir à quelques petits fervices que je lui ai rendus, l'a fait confentir à me les abandonner. Il me fut aifé, après cet aveu, de pénétrer les motifs qu'il avoit eus pour fe prêter fi facilement à fa fuite. Je perdis auffi-tôt toute confiance, pour un homme capable de cette baffeffe, & quoique je ne puffe l'accufer d'avoir manqué aux devoirs de la probité, je lui déclarai qu'il n'avoit plus rien à efpérer de mon amitié. Cette chaleur fut une imprudence. L'empire que j'avois fur un homme de cette forte m'empêcha d'y faire réfléxion tout d'un coup, & la réfolution où j'étois d'ailleurs de faire changer de demeure à Théophé me délivroit du befoin que j'avois eu de fes fervices.

Les deux Efclaves que j'amenois me venoient d'une main fi fûre, que je pouvois me repofer fur eux avec une parfaite confiance. Je leur avois expliqué mes intentions, & je leur avois promis la liberté pour prix de leur fidélité & de leur zéle. La femme avoit servi dans plusieurs Sérails. Elle étoit Grecque comme Théophé. L'homme étoit Egyptien, & quoique je n'eusse fait aucune attention à leur figure, ils étoient tous deux d'un air supérieur à leur condition. Je les présentai à Théophé. Elle ne fit pas difficulté de les recevoir ; mais elle me demanda de quelle utilité ils lui pouvoient être dans le peu de séjour qu'elle devoit faire à Constantinople.

J'étois seule avec elle. Je pris le moment pour lui faire l'ouverture de mon projet. Mais quoiqu'il fut médité & que je me flattasse encore que ma proposition seroit écoutée volontiers, je ne me trouvai point la facilité que j'avois ordinairement à m'exprimer. Chaque regard que je jettois sur Théophé me faisoit éprouver des mouvemens que j'aurois trouvé plus de douceur à lui expliquer qu'à lui proposer brusquement le genre de liaison que je voulois former avec elle. Cependant, une agitation si confuse n'étant point capable de me faire changer tout d'un coup une réfolution à laquelle je m'étois fixé, je lui dis affez timidement que l'intérêt que je prenois à fon bonheur m'ayant fait regarder fon départ comme une imprudence qui ne pouvoit jamais être heureufe, je m'étois déterminé à lui offrir un parti beaucoup plus doux, & dans lequel je pouvois lui garantir également & le repos qu'elle paroiffoit défirer & toutes fortes de fûretés contre les entreprifes de Condoidi. J'ai, à peu de diftance de la Ville, continuai-je, une maifon fort agréable par fa fituation & par la beauté extraordinaire du jardin. Je vous l'offre pour demeure. Vous y ferez libre & refpectée. Eloignez toutes les idées du Sérail, c'eft-à-dire, celles de folitude & de contrainte perpétuelle. J'y ferai avec vous auffi fouvent que mes affaires me le permettront. Je ne vous y ménerai point d'autre compagnie que celle de quelques amis François, avec lefquels vous pourrez faire un effai des ufages de ma Nation. Si mes careffes, mes foins & mes complaifances peuvent servir à vous rendre la vie douce, vous ne vous appercevrez jamais que je m'en relâche un moment. Enfin, vous connoîtrez combien il est différent pour le bonheur d'une femme de partager le cœur d'un Vieillard dans un Sérail, ou de vivre avec un homme de mon âge, qui réunira tous ses désirs à vous plaire & qui se fera une étude de vous rendre heureuse.

J'avois tenu les yeux baissés en lui adressant ce discours, comme si j'eusse trop présumé du pouvoir que j'avois sur elle & que ma crainte eût été d'en abuser. Plus occupé même de mes sentimens que d'un projet que j'avois formé avec tant de joie, j'attendois bien plus impatiemment qu'elle s'expliquât sur le goût qu'elle avoit pour moi, que sur le repos & la sûreté que je lui faisois envisager dans le parti que je lui proposois. Sa lenteur à répondre me causoit déja de l'inquiétude. Enfin, paroissant sortir d'un doute qu'elle avoit eu peine à vaincre, elle me dit que sans changer de sentiment sur la nécessité qu'il y avoit pour elle de quitter la Turquie, elle convenoit que pour attendre l'occasion que je lui avois promis de chercher, elle seroit plus agréablement à la Campagne qu'à la Ville ; & retombant sur sa reconnoissance, elle ajoûta que mes bienfaits étant sans bornes, elle ne s'arrêtoit plus à chercher quel en seroit le prix, puisqu'en obligeant une infortunée qui n'étoit capable de rien pour mon service, je ne me proposois sans doute que de satisfaire ma générosité. Il étoit naturel qu'avec les mouvemens qui me pressoient le cœur, je me soulageasse par une déclaration plus ouverte ; mais trop content de la voir disposée à se laisser conduire à ma Campagne, je n'examinai point si elle avoit compris mes intentions, ni si sa réponse étoit un consentement ou un refus, & je la pressai de partir sur le champ avec moi.

Elle ne fit point d'objection à mes instances. Je donnai ordre à mon Valet de chambre de me faire amener promptement une Caleche. Il étoit à peine neuf heures du soir. Je comptois de souper à la Campagne avec elle, & que ne me promettois-je pas ensuite de cette heureuse nuit ? Mais lorsque je commençois à lui marquer ma joie, le Maître de Langues entre d'un air consterné, & me prenant à l'écart, il m'apprend que le Séliétar, accompagné seulement de deux Esclaves, demandoit à voir Théophé. Le trouble avec lequel il m'apprit cette nouvelle ne me permit point de comprendre d'abord que ce Seigneur étoit lui-même à la porte. Ah! n'avez-vous pas répondu, lui dis-je, que Théophé ne peut recevoir sa visite? Il me confessa, avec la même confusion, que n'ayant pu deviner que c'étoit le Séliétar, & l'ayant pris pour un de ses gens, il avoit cru s'en défaire en lui répondant que j'étois avec Théophé; mais ce Seigneur n'en avoit paru que plus empressé pour descendre, & lui avoit même ordonné de m'avertir que c'étoit lui. Il me parut impossible d'éviter un contretems si fâcheux; & si j'admirai dequoi l'amour rendoit capable un homme de ce rang, ce fut moins pour m'appliquer une réfléxion qui ne me convenoit guéres moins qu'à lui, que pour me livrer au chagrin de lui voir renverser mes espérances. Je ne doutai point que ce ne fût une nouvelle trahison du Maître de Langues ; mais ne daignant point tourner mes reproches sur ce perfide, je me hatai d'exhorter Théophé à ne donner aucun avantage sur elle à un homme dont elle connoissoit les intentions. Cette inquiétude devoit achever de lui faire comprendre les miennes. Elle m'assura qu'il n'y avoit que l'obéissance qu'elle me devoit, qui pût la faire consentir à recevoir sa visite.

J'allai au-devant de lui. Il m'embrassa avec affection, & badinant agréablement sur une si étrange rencontre, il me dit que la belle Grecque auroit mauvaise grace de se plaindre de l'amitié & de l'amour. Ensuite, m'ayant répété tout ce qu'il m'avoit déja dit du penchant qu'il avoit pour elle, il ajoûta que dans la confiance qu'il avoit toujours à ma parole, il n'étoit pas fâché que je fusse témoin des propositions

sitions qu'il avoit à lui faire. J'avoue que ce discours & la scéne qu'il m'annonçoit me causerent un égal embarras. Que je me sentois différent de ce que j'étois en effet, lorsque je lui avois protesté que la générosité seule m'intéressoit au sort de Théophé ! Et dans une disposition dont il ne pouvoit plus me rester d'incertitude, comment pouvois-je me promettre assez de modération pour être tranquillement témoin des offres ou des galanteries de mon Rival? Cependant, il fallut me faire cette violence, avec une dissimulation d'autant plus cruelle que je m'en étois fait moi-même une loi indispensable. Théophé marqua beaucoup d'embarras en le voyant paroître avec moi. Il redoubla encore, lorsque s'étant approché d'elle, il lui parla ouvertement de sa passion, & la fatigua par tous les témoignages de tendresse qui ont l'air chez les Turcs, d'un rolle étudié. Je m'efforçai plusieurs fois d'interrompre une Comédie qui ne pouvoit être aussi insupportable à Théophé qu'à moi, & j'en vins jusqu'à répondre pour elle que se proposant de faire usage de sa liberté pour quitter Constantinople, elle devoit emporter quelque regret de ne pouvoir prêter l'oreille à des sentimens si tendres & si agréablement exprimés. Mais ce que je croyois capable de le refroidir, ou de lui faire modérer du moins ses expressions, lui fit hâter au contraire les offres ausquelles il s'étoit préparé. Il lui reprocha un dessein qu'elle n'avoit formé, lui dit-il, que pour le rendre misérable ; mais se flattant encore de toucher son cœur en lui apprenant ce qu'il vouloit faire pour elle, il lui parla d'une superbe maison qu'il avoit sur le Bosphore, dont il étoit résolu de lui abandonner la jouissance pour toute sa vie, avec un revenu qui répondît à la magnificence d'une si belle demeure. Elle y seroit non-seulement libre & indépendante, mais elle y auroit une autorité absolue sur tout ce qui dépendoit de lui. Il lui donneroit trente Esclaves de l'un & de l'autre sexe, tous ses diamans, dont le nombre & la beauté lui causesoient de l'admiration, & le choix continuel de tout ce qui pourroit flatter son goût. Il étoit dans une assez haute faveur à la sublime Porte pour ne craindre la jalousie de personne. Rien n'étoit mieux fondé qu'une fortune dont il faisoit son ouvrage. Et pour ne lui laisser aucun doute de sa bonne foi, il me prenoit à témoin de toutes ses promesses.

Ces offres, prononcées avec l'enflûre qui est naturelle aux Turcs, firent assez d'impression sur moi pour me faire craindre qu'elles n'en eussent fait trop sur Théophé. Il me parut si étonnant qu'elles eussent tant de ressemblance avec les miennes, que l'emportant beaucoup d'ailleurs par l'éclat, je tremblai tout d'un coup pour un projet que j'avois si heureusement conduit, ou que je désespérai du moins d'obtenir jamais ce qui auroit été refusé au Sélictar. Mais combien ne sentis-je point redoubler mes allarmes, lorsque Théophé, pressée de s'expliquer, lui marqua plus de sensibilité pour ses bienfaits qu'il ne s'y étoit lui-même attendu ? Un air de satisfaction qui se répandit sur son visage, m'y fit découvrir plus de charmes que je n'y en avois apperçû depuis que je la connoissois. Je l'avois toujours vûe triste ou inquiéte. Le mouvement d'une cruelle jalousie me fit voir tous les feux de l'amour allumés dans ses yeux. Il devint un transport de fureur, en lui entendant ajouter qu'elle ne demandoit que vingt-quatre heures pour se déterminer. Elle finit cette Scêne par des instances qu'elle n'adressa qu'a lui, pour obtenir qu'il se retirât ; & faisant ensuite réfléxion qu'il pouvoit trouver choquant qu'elle m'exceptât de cette priere, où qu'elle fit difficulté de le souffrir long-tems dans un lieu où il m'avoit trouvé, elle ajouta fort adroitement qu'avec un Bienfaiteur à qui elle devoit la liberté, elle s'observoit moins qu'avec un Etranger qu'elle avoit à peine vû trois fois.

J'aurois peut-être trouvé dans la fin de ce discours de quoi diminuer ou suspendre le chagrin qui me dévoroit ; si mes prétentions m'eussent laissé l'esprit assez libre pour y découvrir ce qu'il y avoit de flateur & de consolant pour moi. Mais frappé du terme qu'elle avoit demandé pour sa réponse, désespéré de la joie du Sélictar, & presqu'étouffé par la violence que je me faisois pour cacher mon agitation, je ne pensai qu'à gagner la rue, dans l'espérance de me soulager du moins par quelques soupirs. Cependant n'ayant point eû la force de sortir sans le Sélictar, ce fut un autre tourment pour moi de me voir obligé, en sortant avec lui, de soutenir son entretien pendant plus d'une heure, & d'entendre avec quelle satisfaction il se louoit déja de sa fortune. Je ne pus me persuader que la facilité avec laquelle il s'étoit fait écouter fut le bonheur d'un moment, & connoissant sa bonne foi, je lui demandai quelqu'explication sur cette visite qui m'avoit causé tant d'étonnement. Il ne se fit pas presser pour me découvrir qu'ayant envoyé le même jour à Théophé divers présens qu'elle avoit reçus, me dit-il, sans répondre à sa Lettre, il avoit fait preſſentir le Maître de Langues ſur le deſſein où il étoit de ſe rendre ſecretement chez lui, & que l'eſpoir d'être récompenſé avoit engagé cette ame mercénaire à lui ouvrir ſa Maiſon. A la vérité il l'avoit fait avertir que je m'y trouvois réguliérement le ſoir ; mais n'ayant pour elle, continua le Séliƈtar, que les ſentimens que vous me connoiſſez, & n'ignorant point de quelle nature ſont les vôtres, je n'ai pas trouvé que votre préſence me fût importune, & je ſuis ravi au contraire de vous avoir eu pour témoin de la vérité de mes promeſſes. Il me répéta qu'il étoit réſolu de les exécuter fidélement & qu'il vouloit faire l'eſſai d'un bonheur que les Muſulmans ne connoiſſoient pas.

Je louai malgré moi la nobleſſe de ce procédé. Joignant même au chagrin que je venois d'eſſuyer, le ſouvenir des termes où j'en étois avec lui, & milles ſcrupules d'honneur auſquels je ne pouvois m'empêcher d'être ſenſible, je réſolus de conmbattre des ſentimens auſquels j'avois laiſſé prendre trop d'empire, & je quittai le Sélictar avec cette pensée. Mais à peine étoit-il éloigné de quelques pas que j'entendis appeller par son nom mon Valet de chambre, qui étoit le seul Domestique que j'eusse avec moi. Je reconnus Jazir, l'Esclave que j'avois mis auprès de Théophé. La réfléxion avec laquelle j'avois quitté le Sélictar agissoit encore si fortement, que j'ouvris la bouche pour le charger de quelques ordres qui auroient paru durs à sa Maîtresse. Mais il me prévint par ceux qu'il m'apportoit. Théophé l'avoit dépéché après moi, pour me prier de retourner chez elle, & lui avoit recommandé d'attendre à quelque distance que j'eusse quitté le Sélictar. Il s'éleva quelque combat dans mon cœur entre le juste dépit qui s'y étoit fortifié par l'entretien que je venois de finir, & l'inclination qui me portoit encore à regreter les espérances que j'avois perdues. Mais je crus éviter l'embarras de cette discussion en prenant pour retourner sur mes pas un motif qui n'avoit rien de commun avec les mouvemens qui m'agitoient. J'avois oublié ma Montre, que j'aimois singuliérement pour l'excellence de l'ouvrage. Ainsi, sans examiner si ce n'étoit pas à mon Valet de chambre qu'il convenoit de l'aller prendre, je retournai avec l'Esclave, assez satisfait d'avoir ce prétexte pour me déguiser ma foiblesse à moi-même. Que me dira l'Infidelle ? Par quelle excuse l'ingrate va-t-elle justifier sa légereté ? Ces plaintes sortoient de ma bouche en marchant, & loin de faire réfléxion que les noms que je lui donnois supposoient des droits qu'elle ne m'avoit point accordés sur elle, mon imagination ne faisoit que s'échauffer en approchant de chez elle. J'aurois commencé infailliblement par les plus durs reproches, si je lui eusse trouvé en arrivant le moindre air de crainte & d'embarras. Mais ma propre confusion fut extrême, lorsque je la vis au contraire tranquille, riante, & comme prête à s'applaudir du bonheur dont on venoit de l'assurer. Elle ne laissa pas durer long-tems mes doutes. Convenez, me dit elle, que je n'avois pas d'autre reſſource pour me délivrer des importunités du Sélictar. Mais ſi votre voiture eſt prête, il faut quitter la Ville avant que la nuit ſoit paſſée. Et je ſerois fâchée, ajoûta-t-elle, que vous euſſiez mis le Maître de Langues dans notre ſecret, car je commence à voir clairement qu'il nous trompe. Comme j'étois encore plus embarraſſé de ma joie que je ne l'avois été de ma douleur, elle eut le tems de me raconter qu'après s'être ouverte à lui du projet de ſon départ, elle avoit eu la ſatisfaction de le trouver fort diſpoſé à la ſervir, mais qu'au travers de ſon zéle elle avoit ſçu diſtinguer que l'intérêt étoit ſon ſeul motif. Il lui avoit demandé la permiſſion de garder les préſens du Sélictar, en lui repréſentant qu'elle devoit être fort indifférente pour ce qu'on penſeroit d'elle après ſon départ. Les deux mots qu'il lui avoit dit ſecrétement ſur le Port étoient une priére de me cacher cette convention. Et quoiqu'il parût par le ſoin qu'il avoit pris de s'autoriſer de ſon conſentement, qu'il lui reſtoit aſsez de probité pour ne se pas rendre coupable d'un vol, elle ne doutoit point qu'il n'eût quelque part à la visite & aux propositions du Séliĉtar. Enfin, toutes sortes de raisons devoient lui faire accepter l'offre que je lui avois faite de ma Campagne, & si j'avois assez de bonté pour satisfaire son impatience, je ne remettrois pas ce voyage au lendemain.

J'étois si charmé de l'entendre, & si résolu de ne pas différer un moment ce que je désirois beaucoup plus qu'elle, que sans prendre le tems de lui répondre, je renouvellai mes ordres pour hâter le retour de ma Chaise. Elle étoit venue pendant que je m'entretenois avec le Séliĉtar, & j'avois chargé mon Valet de chambre de la renvoyer. La difficulté n'étoit point de cacher la retraite de Théophé au Maître de Langues ; mais toute ma joie ne pouvant écarter l'idée du Séliĉtar, j'avois quelqu'inquiétude sur la maniére dont il prendroit cette avanture. Autant que mes scrupules pouvoient s'éclaircir en un moment, je me croyois fort à couvert de ses reproches. La déclaration que je lui avois faite de mes sentimens étoit sincére alors. Je ne lui avois pas répondu qu'ils ne puſſent point changer, & ne lui ayant pas même ôté le pouvoir de gagner Théophé par ſes offres, ce n'étoit pas de moi qu'il devoit ſe plaindre lorſqu'elle leur préféroit les miennes. Cependant, elle l'avoit flatté de quelqu'eſpérance, & le terme qu'elle avoit pris pour le déterminer étoit une eſpéce d'engagement qui l'obligeoit du moins à le revoir & à lui expliquer nettement ſes intentions. Je craignois de l'embarraſſer elle-même en lui rappellant ce ſouvenir. Mais elle avoit tout prévû. Etant rentré dans ſa chambre après avoir donné mes ordres, je lui trouvai une plume à la main. J'écris, me dit-elle, au Sélictar, pour ruiner abſolument toutes les idées qu'il auroit pu ſe former de ma réponſe. Je laiſſerai ma lettre au Maître de Langues, qui ſera fort ſatisfait ſans doute d'avoir un nouveau ſervice à lui rendre. Elle continuoit d'écrire, & je ne lui répondis en peu de mots que pour louer sa résolution. Je me contraignois encore pour renfermer toute ma joie dans mon cœur, comme si la crainte de me voir traversé par quelque nouvel incident m'en eut fait suspendre tous les transports. Le Maître de Langues, que je regardois à peine, & que ses propres remords excitoient peut-être à chercher quelque moyen de se réconcilier avec moi, me fit demander la permission d'entrer. Sans doute, répondit pour moi Théophé ; & le voyant paroître, elle lui dit qu'étant résolue d'abandonner Constantinople, & les raisons qu'elle m'avoit expliquées me forçant moi-même d'approuver sa résolution, elle étoit bien aise de marquer au Sélictar la reconnoissance qu'elle emportoit pour ses bontés. Elle lui remit sa lettre, qu'elle venoit de finir. Vous exécuterez d'autant mieux cette commission, ajoûta-t-elle malicieusement, que vous en êtes déja récompensé, & que le Sélictar ne pensera pas plus que moi à vous demander compte de ses présens. Je ne pus me dispenser de prendre occasion de ce discours pour faire quelques reproches à mon lâche Confident. Il me jura, pour se justifier, qu'il n'avoit pas cru donner atteinte à la fidélité qu'il me devoit ; & me rappellant avec quelle franchise il m'avoit confessé la part qu'il avoit eue à l'absence de Théophé lorsqu'il s'étoit apperçu que j'en étois vivement affligé, il me supplia de juger du fond de ses sentimens par une si bonne preuve de leur sincérité. Mais je distinguois trop bien ce que je devois attribuer à la crainte qu'il avoit eue de ma vengeance, & renonçant à ses services, je le chargeai seulement de dire au Séliéctar que je comptois de le voir incessamment.

En effet, je méditois déja quelques moyens que je croyois infaillibles, pour me conserver l'amitié de ce Seigneur malgré l'opposition de nos intérêts. Mais ma Chaise s'étant fait entendre au même moment, je ne pensai plus qu'à prendre la main de Théophé pour l'y conduire. Je la serrai avec un mouvement de passion que je n'avois plus la force de déguiser; & quoiqu'il me fût venu à l'esprit de la faire partir seule sous la conduite de mon Valet de chambre, pour laisser le Maître de Langues plus incertain de sa route, je ne pus résister au plaisir que j'allois avoir de me trouver avec elle dans une même Chaise, maître de son sort & de sa personne par le consentement volontaire qu'elle avoit donné à notre départ ; maître de son cœur, car pourquoi dissimulerois-je le bonheur dont je me flattois ? Et quelle autre explication pouvois-je donner au parti qu'elle prenoit de se jetter dans mes bras avec cette confiance ?

Je ne fus pas plutôt à côté d'elle, que prenant un baiser passionné sur ses lévres, j'eus la douceur de la trouver sensible à cette tendre caresse. Un soupir, qui lui échappa malgré elle, me fit encore juger plus favorablement de ce qui se passoit dans son cœur. Pendant toute la route je tins sa main serrée dans les miennes, & je crus remarquer qu'elle y trouvoit autant de douceur que moi. Je ne lui dis pas un mot qui ne fût mêlé de quelque marque de tendresse, & mes discours mêmes, quoiqu'aussi mesurés que mes actions par un goût de bienséance qui m'a toujous été naturel, se ressentirent continuellement du feu qui prenoit plus de force que jamais dans mon cœur.

Si Théophé se défendit quelquefois contre l'ardeur de mes expressions, ce ne fut point par des mépris ni par des rigueurs. Elle me prioit seulement de ne pas employer mal à propos un langage si tendre & si doux, avec une femme qui n'étoit accoutumée qu'aux usages tyranniques du Sérail ; & lorsque cette maniére de se défendre me faisoit redoubler mes caresses, elle ajoûtoit qu'il n'étoit pas surprenant que le sort des femmes fût heureux dans ma Patrie, si tous les hommes s'y accordoient à les traiter avec des complaisances si excessives.

Il étoit environ minuit lorsque nous arrivâmes à ma Campagne, qui étoit située près d'un Village nommé *Oru*. Quoique je n'y eusse point ordonné des préparatifs extraordinaires, il s'y trouvoit toujours de quoi traiter honnêtement mes amis, que j'y menois quelquefois aux heures où j'y étois le moins attendu. Je parlai de souper en arrivant. Théophé me témoigna qu'elle avoit besoin de repos plus que de nourriture. Mais j'insistai sur la nécessité de nous rafraîchir du moins, par une collation légere & délicate. Nous passâmes peu de tems à table, & je l'employai moins à manger qu'à satisfaire d'avance une partie de mes tendres désirs par le badinage de mes discours & par l'ardeur de mes regards. J'avois marqué l'appartement où je me proposois de passer la nuit, & l'une des raisons qui m'avoit fait presser Théophé de prendre quelques rafraîchissemens, avoit été pour donner le tems à mes Domestiques de l'orner avec la derniére élégance. Enfin, m'ayant répété qu'elle avoit besoin de repos, j'expliquai cet avertissement comme une déclaration modeste de l'impatience qu'elle avoit de se voir libre avec moi. Je m'applaudis même de trouver tout à la fois dans une aimable Maîtresse assez de viva-

cité

cité pour fouhaiter impatiemment l'heure du plaifir, & affez de retenue pour déguifer honnêtement fes défirs.

Mes Domeftiques, qui m'avoient vû faire plus d'une partie d'amour dans ma maifon d'Oru, & qui n'avoient ordre d'ailleurs que de préparer un lit, avoient difpofé dans le même appartement tout ce qui étoit néceffaire à la commodité de Théophé & à la mienne. Je l'y conduifis avec un redoublement de joie & de galanterie. Son Efclave & mon Valet de chambre, qui nous y attendoient, s'approcherent pour nous rendre chacun de leur côté les fervices de leur condition, & j'exhortai en badinant *Bema*, (c'étoit le nom de l'Efclave) à ne pas s'attirer ma haine par un excès de lenteur. Il m'avoit femblé jufqu'alors que Théophé étoit entrée naturellement dans toute mes vûes, & je la crus fi difpofée à la conclufion de cette fcéne, que je n'avois jamais penfé à couvrir mes efpérances du moindre voile. Ce n'étoit point avec une femme qui m'avoit raconté fi ouvertement fes avantures de Patras & celles du Sérail, que je me croyois obligé de prendre les détours qui foulagent quelquefois la modeftie d'une jeune perfonne fans expérience ; & fi l'on me permet une autre rétiéxion, ce n'étoit pas non plus d'une femme fur qui j'avois acquis tant de droits, & qui s'étoit livrée d'ailleurs à moi fi volontairement, que je devois attendre des excès de réferve & de bienféance. Auffi tout ce que j'avois fenti jufqu'alors de plus vif & de plus paffioné pour elle ne paffoit-il à mes propres yeux que pour le tranfport d'un libertinage éclairé, qui me la faifoit préférer à toute autre femme, parce qu'avec une figure fi piquante elle fembloit me promettre beaucoup plus de plaifir.

Cependant, à peine eut-elle remarqué que mon Valet de chambre commençoit à me deshabiller, que repouffant fon Efclave qui s'agitoit pour lui rendre le même fervice, elle demeura quelques momens rêveufe & comme incertaine, fans lever les yeux fur moi. Je n'attribuai d'abord ce changement de contenance qu'à l'obscurité de la nuit, qui d'un bout de la chambre à l'autre pouvoit me faire trouver quelqu'altération sur son visage. Mais continuant de la voir immobile, & Bema oisive auprès d'elle, je hazardai, avec inquiétude, quelques expressions badines sur la crainte que j'avois de m'ennuyer beaucoup à l'attendre. Ce langage qui lui devenoit plus clair apparemment par les circonstances, acheva tout à fait de la déconcerter. Elle quitta le miroir devant lequel elle étoit encore, & se jettant languissamment sur un sopha, elle s'y tint panchée, le front appuyé sur la main, comme si elle eût cherché à me dérober la vûe de son visage. Ma premiére crainte fut encore qu'elle ne se trouvât saisie de quelqu'incommodité. Nous avions fait le voyage pendant la nuit. Notre collation n'avoit été composée que de fruits & de glaces. Je courus à elle avec le plus vif empressement, & je lui demandai si sa santé avoit souffert quelqu'altération. Elle ne me répondit point.

Mon inquiétude augmentant, je saisis une de ses mains, celle même sur laquelle sa tête étoit appuyée, & je fis quelqu'effort pour l'attirer à moi. Elle résista quelques momens. Enfin, la passant sur ses yeux, pour essuyer quelques larmes dont j'apperçus les traces, elle me demanda en grace de faire sortir les deux Domestiques, & de lui accorder un moment d'entretien.

A peine fus-je seul avec elle que baissant les yeux & la voix, elle me dit d'un air consterné qu'elle ne pouvoit me disputer tout ce que je prétendois exiger d'elle, mais qu'elle ne s'y seroit jamais attendue. Elle se tut après ces quatre mots, comme si la douleur & la crainte lui eussent coupé tout d'un coup la parole, & je m'apperçus à sa respiration que son cœur étoit dans l'émotion la plus violente. Ma surprise, qui monta aussi-tôt au comble, & peut-être un mouvement de honte qu'il me fut impossible de vaincre tout d'un coup, me jetterent de mon côté dans le même état; de sorte que ç'eût été le plus étrange spectacle du monde que de nous voir l'un & l'autre auſſi abattus que ſi nous euſſions été frappés ſubitement de quelque maladie.

Cependant, je m'excitai à ſortir de cette péſanteur, & faiſant de nouveaux efforts pour me rendre maître de la main de Théophé, je vins à bout de la retenir enfin dans les miennes. Un moment, lui dis-je pendant ce tendre combat, ſouffrez que je la prenne un moment pour vous parler & pour vous entendre. Elle parut céder à la crainte de m'offenſer, plutôt qu'au déſir de me ſatisfaire. Hélas! qu'ai-je droit de vous refuſer, me répéta-t-elle avec la même langueur? Ai-je en mon pouvoir quelque choſe qui ne ſoit pas à vous plus qu'à moi-même? Mais non, non, je ne m'y ſerois jamais attendu. Ses pleurs commencérent à couler avec plus d'abondance. Dans l'embarras où me jetta cette ſcéne, il me vint quelque doute de ſa ſincérité. Je me ſouvenois d'avoir entendu mille fois que la plûpart des filles Turques ſe font une gloire de diſputer long-tems les faveurs de l'amour, & je fus prêt, dans cette pensée, à compter pour rien sa résistance & ses larmes. Cependant, l'ingénuité que je remarquois dans sa douleur, & la honte que j'aurois eue de ne pas répondre à l'opinion qu'elle avoit de moi si elle étoit sincére, me fit surmonter au même moment tous mes transports. Ne craignez point de lever les yeux sur moi, lui dis-je en voyant qu'elle continuoit de les tenir baissés, & reconnoissez-moi pour l'homme du monde qui est le moins capable de vous chagriner ou de faire violence à vos inclinations. Mes désirs sont l'effet naturel de vos charmes, & j'avois pensé que vous ne me referiez point ce que vous avez accordé volontairement au fils du Gouverneur de Patras & au Bacha Chériber. Mais les mouvemens du cœur ne sont pas libres..... Elle m'interrompit par une exclamation qui me parut venir d'un cœur pénétré d'amertume; & lorsque je me flattois de lui tenir un discours propre à l'appaiser, elle me fit connoître que je mettois le comble à sa douleur. Ne comprenant plus rien à cette bizarre avanture, & n'ofant même ajouter un feul mot dans la crainte de ne pas pénétrer plus heureufement fes intentions, je la fuppliai de m'apprendre donc elle-même, ce que je devois faire, ce que je devois dire, pour diffiper le chagrin que je lui avois caufé, & de ne me pas faire un crime de ce qu'elle ne pouvoit regarder après tout comme une offenfe. Il me parut que le ton que je pris pour lui faire cette priére, lui fit craindre à fon tour de m'avoir choqué par fes plaintes. Elle me ferra la main, avec un mouvement où je reconnus de l'inquiétude. O ! le meilleur de tous les hommes, me dit-elle, par une expreffion qui eft commune chez les Turcs, jugez mieux des fentimens de votre malheureufe Efclave, & ne croyez pas qu'il y ait jamais rien de vous à moi qui puiffe porter le nom d'offenfe. Mais vous m'avez percé le cœur d'un mortel chagrin. Ce que je vous demande, ajoûta-t-elle, puifque vous me laiffez la liberté de vous expliquer mes défirs, c'eft de me laisser passer la nuit dans mes tristes réfléxions, & de permettre demain que je vous les communique. Si vous trouvez un excès de hardiesse dans la priére de votre Esclave, attendez du moins que vous connoissiez mes sentimens pour les condamner. Elle voulut se laisser tomber à mes pieds. Je la retins malgré elle, & me levant du sopha où je m'étois assis pour l'entendre, je pris un air aussi libre & aussi désintéressé que si je n'eusse jamais pensé à lui faire la moindre proposition d'amour. Retranchez, lui dis-je, des termes qui ne conviennent plus à votre situation. Loin d'être mon Esclave, vous auriez pu prendre sur moi un empire que je ne me sentois que trop de penchant à vous accorder. Mais je ne voudrois pas devoir votre cœur à mon autorité, quand j'aurois droit d'employer la contrainte. Vous passerez cette nuit, & tout le reste de votre vie, si c'est votre dessein, avec la tranquillité que vous paroissez désirer. J'appellai aussi-tôt son Esclave, à qui j'ordonnai sans affectation de lui rendre

dre ſes ſervices; & me retirant avec la même apparence de calme, je me fis conduire dans un autre appartement, où je ne tardai pas un inſtant à me mettre au lit. Il me reſtoit un fond d'agitation que tous les efforts que j'avois faits pour me vaincre n'avoient pu calmer entiérement; mais je me flattai que le repos du ſommeil acheveroit bientôt de rétablir la paix dans mon eſprit & dans mon cœur.

Cependant, à peine l'obſcurité & le ſilence de la nuit eurent-ils commencé à recueillir mes ſens, que toutes les circonſtances qui venoient de ſe paſſer à mes yeux ſe repréſenterent preſqu'auſſi vivement à mon imagination. Comme je n'avois pas perdu un mot de tous les diſcours de Théophé, le premier ſentiment que j'éprouvai en les retrouvant dans ma mémoire, fut ſans doute un mouvement de dépit & de confuſion. Il me fut même aiſé de démêler que la facilité avec laquelle j'avois pris le parti de la laiſſer tranquille, & tout le déſintéreſſement que j'avois marqué en la quittant,

I. Partie. P

étoient venus de la même cause. Je me confirmai pendant quelques momens dans cette disposition, par les reproches que je me fis de ma foiblesse. Ne devois-je pas rougir de m'être livré si imprudemment depuis quelques jours, à l'inclination que je m'étois sentie pour une fille de cette sorte, & le goût que j'avois pour elle auroit-il dû m'intéresser jusqu'à me causer de l'inquiétude & du trouble ? La Turquie n'étoit-elle pas remplie d'Esclaves dont je pouvois attendre les mêmes plaisirs ? Il ne me manquoit, ajoûtai-je en raillant ma propre folie, que de prendre une passion sérieuse pour une fille de seize ans, que j'avois tirée d'un Sérail de Constantinople, & qui n'étoit peut-être entrée dans celui de Chériber qu'après avoir fait l'essai de tous les autres. Passant ensuite au refus qu'elle m'avoit fait de ses faveurs après les avoir prodiguées à je ne sçais combien de Turcs, je m'applaudis de ma délicatesse, qui me faisoit attacher un si grand prix au reste du vieux Chériber. Mais je trouvois encore plus admirable que Théophé eût appris dans un espace si court à connoître la valeur de ses charmes, & que le premier homme à qui elle s'adressât pour lui en faire acheter la possession si cher, fût un François aussi versé que moi dans le commerce des femmes. Elle s'est imaginée, disois-je, sur l'air de bonté que je porte dans mon visage & dans mes maniéres, qu'elle alloit faire de moi sa premiére dupe ; & cette jeune Coquette, à qui j'ai supposé tant de naïveté & de candeur, se promet peut-être de me mener bien loin par ses artifices.

Mais après avoir comme satisfait mon ressentiment par ces réfléxions injurieuses, je revins peu à peu à considérer le fond de cette avanture avec moins d'émotion. Je me rappellai toute la conduite que Théophé avoit tenûe avec moi depuis que je l'avois vûe au Sérail de Chériber. S'étoit-elle jamais échappée à la moindre action ni au moindre discours qui parut s'accorder avec les intentions que je lui supposois ? N'avois-je pas été surpris au contraire de lui voir saisir vingt fois toutes les ouvertures que j'avois données à ses réfléxions, pour les tourner du côté le plus sérieux de la Morale ; & n'avois-je pas même admiré la pénétration & la justesse qui éclatoient dans tous ses raisonnemens. Il est vrai qu'elle me les avoit rebattus quelque fois jusqu'à l'excès, & c'étoit peut-être cette espéce d'affectation qui m'avoit empêché de les croire sincéres. Je les avois regardés tout au plus comme un exercice qu'elle donnoit à son esprit, ou comme l'effet d'une infinité de nouvelles impressions, que l'explication de nos maximes & le recit de nos usages faisoient continuellement sur une imagination vive & inquiéte. Mais pourquoi lui faire cette injustice, & ne pas croire effectivement qu'avec un bon naturel & beaucoup de raison, elle avoit été sérieusement frappée de mille principes qu'elle trouvoit en sémence au fond de son cœur. N'avoit-elle pas rejetté nettement les offres du Sélictar ? N'avoit-elle pas pensé à me quitter moi-même, pour aller chercher en Europe un état qui répondît à ses idées ? Et si elle avoit consenti ensuite à se livrer à mes soins, n'étoit-il pas naturel qu'elle eût cette confiance pour un homme à qui elle devoit les images de vertu qu'elle commençoit à goûter ? Dans cette supposition ne devenoit-elle pas respectable ; & pour qui l'étoit-elle plus que pour moi-même, qui avois commencé à la servir sans intérêt, & qui loin de troubler ses projets de sagesse par des propositions folles & libertines, devois me faire honneur au contraire d'une conversion qui étoit proprement mon ouvrage ?

Plus je m'attachai à ces réfléxions, plus je sentis que cette maniére de considérer mon avanture étoit flateuse pour moi ; & m'étant toujours piqué de quelque élévation dans mes principes, il ne m'en coûta presque rien pour sacrifier les plaisirs que je m'étois proposés, à l'espérance de faire de Théophé une femme aussi distinguée par sa vertu que par ses charmes. Je n'ai jamais pensé, disois-je, à lui inspirer de la fagesse ; & le goût que je lui suppose n'est qu'un heureux effet de son naturel, excité par quelques discours qui me sont échappés au hazard. Que sera-ce, lorsque je me ferai une étude sérieuse de cultiver ces riches présens de la nature ? Je me la représentai avec complaisance dans l'état où je croyois pouvoir la conduire. Mais frappé d'avance de ce portrait, que lui manqueroit-il donc alors, ajoutai-je, pour être la premiére femme du monde ? Quoi ? Théophé pourroit devenir aussi aimable par les qualités de l'esprit & du cœur que par les charmes extérieurs de sa figure ? Eh ! quel est l'homme d'honneur & de goût qui qui ne se croïroit pas heureux d'être attaché pour toute sa vie.... Je m'arrêtai à la moitié de cette réfléxion, comme effrayé de l'avidité avec laquelle mon cœur sembloit s'y prêter. Elle me revint mille fois jusqu'au moment où mes sens s'assoupirent ; & loin d'éprouver le trouble dont j'avois appréhendé de me ressentir jusqu'au lendemain, je passai tout le reste de la nuit dans un délicieux sommeil.

Les premiéres traces que je retrouvai le matin dans ma mémoire furent celles qui s'y étoient si doucement gravées en m'endormant. Elles s'y étoient étendûes avec tant de force qu'ayant comme effacé celles de mon premier projet, il ne me revint pas le moindre désir qui ressemblât à ceux dont je m'étois entretenu depuis plusieurs jours. Je brûlois de me revoir avec Théophé ; mais c'étoit dans l'espérance de la trouver telle que j'avois eu tant de plaisir à me la figurer, ou du moins de la voir dans la disposition que je lui avois supposée. Cette ardeur alloit jusqu'à me faire craindre de m'être trompé dans mes suppositions. A peine eus-je appris qu'il étoit jour dans son appartement, que je lui fis demander la permission d'y entrer. Son Esclave vint me prier de sa part de lui laisser un moment pour sortir du lit. Mais je me hâtai de l'y surprendre, dans la seule vûe de lui faire connoître par ma modération le changement que la nuit avoit mis dans mes idées. Elle marqua quelque trouble, en me voyant fitôt arriver, & dans fon embarras elle me fit des excufes de la lenteur de fon Efclave. Je la rafûrai par un difcours modefte, qui ne lui laiffa rien à craindre de mes intentions. Qu'elle étoit belle néanmoins dans cet état, & que tant de charmes étoient propres à me faire oublier mes réfolutions !

Vous m'avez promis, lui dis-je d'un ton férieux, des explications que je brûle d'entendre ; mais permettez qu'elles foient précédées des miennes. A quelques défirs que je me fois hier livré, vous avez dû juger par la foumiffion que j'eus pour les vôtres, que je ne défire point d'une femme ce qu'elle n'eft pas portée à m'accorder volontairement. J'ajoûte aujourd'hui à cette preuve de mes fentimens une déclaration qui va les confirmer. C'eft que dans quelque vûe que vous ayiez confenti à m'accompagner ici, vous aurez toujours la liberté de les fuivre comme vous avez à préfent celle de les expliquer. Je m'impofai filence, en finiffant ce difcours ; & je réfolus de ne le pas rompre qu'elle n'eut achévé le sien. Mais après m'avoir regardé un moment, je fus surpris de lui voir répandre quelques larmes ; & lorsque l'inquiétude que j'en ressentis m'eut fait oublier ma résolution, pour lui demander ce qui les causoit, mon étonnement augmenta encore de sa réponse. Elle me dit que personne n'étoit plus à plaindre qu'elle, & que le discours que je lui tenois étoit précisément le malheur auquel elle s'étoit attendu. Je la pressai de parler plus clairement. Hélas ! reprit-elle ; en me faisant cette déclaration de vos sentimens, que vous rendez peu de justice aux miens ! Après ce qui se passa hier ici, vous ne pouvez prendre ce ton avec moi que par une suite des mêmes idées ; & je meurs de chagrin que depuis le tems que je m'efforce de vous faire voir quelque jour dans le fond de mon cœur, j'aye si mal réussi à vous faire connoître ce qui s'y passe.

Cette plainte ne faisant que redoubler mon obscurité, je lui confessai avec autant de franchise dans mes termes que dans l'air de mon visage, que tout ce qui la regardoit depuis que je l'avois vûe pour la première fois, avoit été pour moi une énigme perpétuelle, que son discours même me rendoit encore plus difficile à pénétrer. Parlez donc naturellement, lui dis-je encore; pourquoi balancez-vous? A qui vous ouvrirez vous jamais avec plus de confiance?

Ce sont vos questions mêmes, me répondit-elle enfin, c'est la nécessité où vous me mettez de parler clairement qui cause mon chagrin. Quoi? vous avez besoin d'explication pour concevoir que je suis la plus malheureuse personne de mon sexe? Vous, qui m'avez ouvert les yeux sur ma honte, vous êtes surpris que je sois insupportable à moi-même & que je pense à me cacher aux yeux des autres? Eh! quel est désormais le partage qui me convient? Est-ce de répondre à vos désirs ou à ceux du Séliƈtar, lorsque je trouve dans les lumières que vous m'avez inspirées autant de Juges qui les condamnent? Est-ce de passer dans les Pays dont vous m'avez vanté les ufages & les principes, pour y retrouver, dans l'exemple de toutes les vertus que j'ai ignorées, le perpétuel reproche de mes infamies? J'ai tenté néanmoins de quitter cette Nation corrompue. J'ai voulu fuir, & ceux qui ont perdu mon innocente jeuneffe, & vous, qui m'avez appris à connoître ma perte. Mais où me laiffois-je entraîner par ma confufion & par mes remords? Je ne fens que trop que fans protection & fans guide je n'aurois pas fait de pas qui ne m'eût conduit à quelque nouvel abîme. Vos inftances m'ont arrêtée. Quoique vous fuffiez plus redoutable pour moi que tous les hommes enfemble, parce que vous connoiffiez mieux toute l'étendue de mon infortune, quoique chacun de vos regards me parût une fentence qui portoit ma condamnation, je fuis rentrée avec vous dans Conftantinople. Un malade, difois-je pour me raffurer, rougit-il de voir fes plaies les plus honteufes? D'ailleurs, après avoir conçu qu'un voyage entrepris au hazard étoit une imprudence, je me fuis flattée, fur vos promeſſes, que vous m'ouvririez des voies plus fûres pour m'éloigner. Cependant, c'eſt vous-même qui me repouſſez aujourd'hui vers le précipice dont vous m'avez tirée. Je vous ai regardé comme mon Maître dans la vertu, & vous voulez me rentraîner vers le vice ; avec d'autant plus de danger pour ma foibleſſe, que s'il pouvoit m'offrir quelque charme, ce feroit en fe préſentant à moi par vos mains ? Hélas ! m'étois-je mal expliquée ou feignez-vous de ne pas m'entendre ? Les bornes de mon eſprit, le déſordre de mes idées & de mes expreſſions, ont pu vous faire mal juger de mes ſentimens ; mais ſi vous commencez à les connoître par les efforts que je fais pour les expliquer, ne vous offenfez pas de l'effet que vos propres leçons ont produit fur mon cœur. Quand vous auriez changé de principes, je fens trop bien que c'eſt aux premiers que je dois ma foumiſſion, & je vous conjure de fouffrir que j'y demeure attachée.

Ce discours, dont je ne rapporte que ce qui est resté de plus clair dans ma mémoire, fut assez long pour me donner le tems d'en pénétrer toute la force & d'y préparer ma réponse. Rempli, comme je l'étois, des réflexions qui m'avoient occupé pendant toute la nuit, j'avois été bien moins offensé des reproches de Théophé, bien moins affligé de ses sentimens & de ses résolutions, que je n'étois charmé au contraire de les trouver conformes à l'opinion que je m'en étois déja formée. Aussi l'idée que j'avois commencé à prendre d'elle, & la satisfaction vertueuse que j'en avois ressentie, n'avoient-elles fait qu'augmenter pendant que j'étois attaché à l'entendre; & pour peu qu'elle eût fait d'attention à mes mouvemens, elle auroit remarqué que je recevois chaque mot qui sortoit de sa bouche avec quelque signe de joie & d'applaudissement. J'en modérai néanmoins les expréssions dans ma réponse, pour ne pas donner un air de légereté ou d'emportement à la conclusion d'une conférence si sérieuse. Chere Théophé!

lui dis-je dans l'abondance de mes sentimens, vous m'avez humilié par vos plaintes, & je ne vous dissimulerai point que j'étois hier fort éloigné de les prévoir ; mais j'en ai apporté quelque pressentiment dans cette visite, & je suis venu disposé à me reconnoître coupable. Si vous me demandez comment il m'est arrivé de le devenir, c'est qu'il m'auroit été trop difficile de me persuader ce que je viens d'entendre avec une vive admiration, & ce qui me paroîtroit encore incroyable si je n'en avois des témoignages si certains. Je me reproche d'avoir eu pour vous jusqu'à présent plus d'admiration que d'estime. Eh ! quand on sçait combien le goût de la vertu est rare dans les Pays les plus favorisés du Ciel, quand on éprouve soi-même combien son exercice est pénible, peut-on croire aisément que dans le sein de la Turquie, au sortir d'un Sérail, une personne de votre âge ait saisi tout d'un coup non-seulement l'idée, mais le goût même de la plus haute sagesse ? Qu'ai-je dit, qu'ai-je fait de propre à vous l'infpirer ! Quelques réfléxions hazardées fur nos ufages ont-elles pu faire naître dans votre cœur un fi heureux penchant? Non, non, vous ne le devez qu'à vous-même; & votre éducation qui l'a tenu jufqu'à préfent comme lié par la force de l'habitude, eft un malheur de la fortune dont il n'y a point de reproche à vous faire.

Ce que je veux d'abord en conclure, continuai-je avec la même modération, c'eft que vous feriez également injufte & de vous offenfer des vûes que j'ai eues fur vous, puifqu'il n'étoit pas naturel que je pénétraffe tout d'un coup les vôtres, & de croire qu'on puiffe fe prévaloir du paffé pour vous refufer l'eftime que vous allez mériter par une conduite digne de vos fentimens. Abandonnez vos projets de voyage; jeune & fans expérience du monde, vous n'en devez rien attendre d'heureux. La vertu, dont on a des idées fi juftes en Europe, n'y eft guéres mieux pratiquée qu'en Turquie. Vous trouverez des paffions & des vices dans tous les Pays qui font habités par des hommes. Mais si mes promesses peuvent vous inspirer quelque confiance, reposez-vous sur des sentimens qui ont déja changé de nature, & qui ne m'inspireront plus d'ardeur que pour perfectionner les vôtres. Ma maison sera un Sanctuaire ; mon exemple portera tous mes Domestiques à vous respecter. Vous y trouverez une ressource constante dans mon amitié ; & si vous avez gouté mes maximes, peut-être vous reste - t - il quelques lumiéres à tirer de mes conseils.

Elle me regardoit d'un air si rêveur, que je cherchois inutilement dans ses yeux si elle étoit satisfaite de ma réponse. J'appréhendai même, en lui voyant garder le silence, qu'il ne lui restât quelque doute de ma sincérité, & qu'après l'essai qu'elle avoit fait de ma foiblesse elle n'osât se fier à mes protestations. Mais toute son inquiétude étoit pour elle-même. M'imaginerai-je jamais, reprit-elle après avoir fait durer beaucoup plus long-tems son silence, qu'avec les idées que vous avez de la vertu, vous puissiez regarder

sans

sans mépris une femme dont vous connoissez tous les égaremens? Je vous en ai fait l'aveu, & je ne puis m'en repentir. Je devois cette ouverture à l'empressement que vous avez eu d'apprendre mes infortunes. Mais ne m'impose-t-elle pas la loi de vous fuir, & serai-je jamais trop loin de ceux qui peuvent me reprocher ma honte? Je ne fus pas le maître de mon transport à ce discours. Je l'interrompis, & toute la retenue que j'avois affectée m'abandonna. Mes plaintes durent être bien touchantes, & mes raisonnemens bien persuasifs, puisque je fis confesser à Théophé que plus je connoissois le prix de la vertu, plus je devois d'admiration aux sentimens dont elle étoit remplie. Je lui fis comprendre que dans les idées de la vraie sagesse le mépris n'est dû qu'aux fautes volontaires, & que ce qu'elle nommoit ses égaremens n'en devoit pas porter le nom, puisqu'il auroit supposé qu'elle connoissoit déja ce qu'elle n'avoit appris que par l'occasion qu'elle avoit eue de m'entretenir au Sérail. Enfin, je lui promis avec une estime constante, tous les soins dont j'étois capable pour achever l'ouvrage que j'avois eu le bonheur de commencer, & je m'engageai par des sermens redoutables à lui laisser la liberté non-seulement de me fuir, mais de me haïr & de me mépriser moi-même, lorsqu'elle me verroit manquer aux conditions qu'elle voudroit m'imposer. Et pour ôter tout air d'équivoque à mes promesses, je lui fis à l'heure même un plan dont je soumis tous les articles à sa décision. Cette maison, lui dis-je, sera votre demeure, & vous y établirez l'ordre qui vous conviendra le mieux. Je ne vous y verrai pas plus souvent que vous ne me le permettrez. Vous n'y verrez vous-même que ceux qu'il vous plaira d'y recevoir. J'aurai soin qu'il n'y manque rien pour vous occuper utilement ou pour vous amuser. Et dans le penchant que vous marquez pour tout ce qui peut servir à former l'esprit & le cœur, je pense à vous faire apprendre la langue de ma Nation, qui vous deviendra utile par la familiarité qu'elle vous donnera tout d'un conp avec une infinité d'excellens livres. Vous retrancherez de mes propositions, ou vous y ajoûterez tout ce qui vous sera inspiré par votre propre goût, & vous serez toujours sûre de voir exécuter ce qui pourra vous plaire.

Je n'examinois point d'où me venoit la chaleur qui animoit toutes ces offres, & Théophé ne s'arrêta point non plus à cette discussion. Elle crut voir dans ma franchise des raisons assez fortes pour céder à mes instances. Elle me dit que devant tout à ma générosité, son obstination devoit lui faire appréhender de s'en rendre indigne, & qu'elle acceptoit des offres, trop heureuses pour elle, si j'étois fidéle à les exécuter. Je ne sçais comment je trouvai assez de force pour retenir le mouvement qui me portoit à me jetter à genoux devant son lit, & à la remercier de ce consentement comme d'une faveur. Nous commencerons sur le champ, lui dis-je avec plus de joie que je n'en voulois faire éclater, & vous reconnoîtrez quelque jour que je mérite votre confiance.

Ce fentiment étoit fincére. Je la quittai, fans m'être même hazardé à lui baifer la main, quoique l'ayant la plus belle du monde, elle m'en eût infpiré cent fois le défir dans les mouvemens qu'elle avoit faits pendant notre entretien. Mon deffein étoit de retourner auffi-tôt à Conftantinople, non-feulement pour lui procurer ce que je croyois de plus propre à l'amufer dans fa folitude, mais pour lui donner le tems d'établir fon autorité & l'ordre qu'elle voudroit dans ma maifon. Je déclarai là-deffus mes intentions au petit nombre de Domeftiques que j'y laiffois pour la fervir. Bema, que j'avois fait appeller pour la rendre témoin de cet ordre, me demanda la liberté de lui parler à l'écart, & me furprit extrêmement par fon difcours. Elle me dit que la liberté & l'empire même que je laiffois à fa Maîtreffe lui faifoient affez connoître que j'ignorois le caractére des femmes de fa Nation; que l'expérience qu'elle avoit acquife dans plufieurs Sérails la mettoient en état d'aider un Etranger de fes conseils ; que la fidélité à laquelle elle étoit obligée par sa condition ne lui permettoit pas de me déguiser ce que j'avois à craindre d'une Maîtresse aussi jeune & aussi belle que Théophé ; qu'en un mot je devois faire peu de fond sur sa sagesse, si au lieu de lui laisser une autorité absolue dans ma maison, je ne l'assujettissois point à la conduite de quelqu'Esclave fidelle ; que c'étoit l'usage de tout ce qu'il y avoit de Seigneurs en Turquie, & que si je la croyois propre elle-même à cet emploi, elle me promettoit tant de vigilance & de zéle que je ne me repentirois jamais de ma confiance.

Quoique je n'eusse point reconnu assez d'esprit à cet Esclave pour en espérer des secours extraordinaires, & que dans l'opinion que j'avois de Théophé je n'eusse pas besoin d'un Argus auprès d'elle, je pris un témpéramment entre le conseil que je recevois & ce que je crus pouvoir accorder à la prudence. Je ne me conduis point, dis-je à Bema, par les maximes de votre Pays, & je vous déclare d'ailleurs que je n'ai aucun droit fur Théophé qui m'autorife à lui impofer des loix. Mais fi vous êtes capable de quelque difcrétion, je vous charge volontiers d'avoir l'œil ouvert fur fa conduite. La récompenfe fera proportionnée à vos fervices ; & fur-tout à votre fageffe, ajoûtai-je, car j'exige abfolument que Théophé ne s'apperçoive jamais de la commiffion que je vous donne. Bema parut extrêmement fatisfaite de ma réponfe. Sa joie m'auroit peut-être été fufpecte, fi les perfonnes de qui je tenois cette Efclave ne m'euffent vanté prefqu'également fa prudence & fa fidélité. Mais je ne voyois rien d'ailleurs dans une commiffion fi fimple, qui demandât plus que de la médiocrité dans les deux qualités dont on m'avoit répondu.

Ce qui m'occupa le plus en retournant à la Ville, fut la difficulté de fatisfaire le Séliɛtar, qui ne pouvoit ignorer long-tems ni que Théophé avoit quitté le Maître de Langues, ni même que je lui avois accordé une retraite dans ma maifon. J'étois devenu tout d'un coup tranquille sur ce qui la regardoit, depuis que j'étois sûr de l'avoir sous ma conduite, & sans examiner ce que mon cœur osoit s'en promettre il me sembloit que de quelques sentimens qu'il pût se remplir, l'avenir ne m'offroit que des facilités sur lesquelles je pouvois me reposer. Mais ne pouvant me dispenser d'entrer dans quelqu'explication avec le Séliêtar, les raisons que j'avois préparées la veille, & qui m'avoient paru capables de l'appaiser, perdoient leur force pour moi-même à mesure que le moment s'approchoit de les lui faire gouter. Celle dont j'avois espéré le plus d'effet, étoit la crainte de son Pere, qui auroit eu plus de droit que jamais, non seulement de l'exclure de sa famille, mais de solliciter sa punition, si elle s'étoit livrée volontairement à l'amour d'un Turc. Ma protection, dans le cas où elle étoit, la mettoit plus à couvert que celle du Séliêtar. Cependant outre l'idée qu'il avoit lui-même de son crédit, je ne pouvois lui confesser qu'elle étoit chez moi sans retomber dans la nécessité de l'y recevoir aussi souvent qu'il lui plaîroit de s'y préfenter. C'étoit attirer autant de chagrins à Théophé qu'à moi-même. Dans cet embarras je pris un parti tout différent, & le feul peut-être qui pût me réuffir avec un homme aufli généreux que le Séliétar : j'allai chez lui directement. Je n'attendis point qu'il rendît mon entreprife plus difficile par fes plaintes, & prévenant même toutes fes queftions, je lui appris que le motif qui avoit fait rejetter fes offres, étoit un penchant déclaré de la jeune Grecque pour des vertus qui font peu connues des femmes en Turquie. Je ne lui cachai pas même que dans l'étonnement que j'en avois eu, je n'y avois pris quelque confiance qu'après les avoir mifes à l'épreuve ; mais que n'ayant trouvé que des fujets d'admiration dans les fentimens d'une pefonne de cet âge, j'étois réfolu de lui accorder tous les fecours qui pouvoient conduire des inclinations fi nobles à leur perfection, &, que le connoiffant luimême, je ne doutois pas qu'il ne fût porté à feconder mon deffein.

De

De tout ce discours, que je tournai avec beaucoup de ménagemens, il n'y eut que les derniers termes que je regretai d'avoir laissés échapper. Le Sélictar répondit à mon attente en me protestant qu'il respectoit des sentimens tels que je les représentois dans Théophé, & qu'il n'avoit jamais prétendu les exclure du commerce qu'il s'étoit proposé avec elle; mais il prit occasion de l'opinion que je marquois de lui, pour m'assurer que sa tendresse augmentant avec son estime il vouloit lui témoigner plus que jamais le cas qu'il faisoit d'elle. Je ne pus me défendre de la proposition qu'il me fit de m'accompagner quelquefois à Oru qu'en lui offrant toute la liberté que j'accordois chez moi à mes amis; mais avec la réserve que Théophé y mettroit elle-même, par le droit que mes sermens lui avoient donné de ne voir que ceux qu'elle voudroit admettre dans sa solitude.

Quoique je me reprochasse avec raison d'avoir donné au Sélictar une ouverture dont je le voyois résolu de profiter, je fus si satisfait de m'être délivré par une voie si nette du scrupule qui m'avoit troublé, que je comptai pour rien l'embarras de le voir à Oru. Il auroit eu sujet de s'offenser, si j'eusse balancé à lui promettre cette satisfaction, & les soupçons dont sa propre droiture autant que l'opinion qu'il avoit de la mienne avoit eu la force de le défendre jusqu'alors, auroient peut-être commencé à naître & causé aussi-tôt la ruine de notre amitié. Je ne pensai en le quittant qu'à remplir les promesses que j'avois faites à Théophé. Connoissant son goût pour la Peinture, qui ne s'étoit encore exercé qu'à représenter des fleurs, suivant la loi qui interdit aux Turcs la représentation de toutes les Créatures vivantes, je cherchai un Peintre qui pût lui montrer le dessein & le Portrait. En lui choisissant d'autres Maîtres pour les Arts & les exercices de l'Europe, il me vint à l'esprit une pensée que je combattis long-tems, mais que la providence, dont il ne faut point entreprendre d'approfondir les secrets, fit prévaloir à la fin sur toutes mes difficultés.

Dans la persuasion où j'étois que le jeune Condoidi étoit son frere, il me parut d'autant plus naturel de les associer pour leur éducation, que la plûpart des Maîtres que je leur donnois à l'un & à l'autre étoient les mêmes. Ce dessein supposoit que Condoidi feroit aussi sa demeure à Oru; & loin d'y trouver le moindre sujet d'objection, je me réjouissois au contraire de pouvoir donner à Théophé une compagnie habituelle, qui lui feroit éviter l'ennui de la solitude. S'il faut que je le confesse, la principale difficulté que j'eus à combattre ne fut pas bien démêlée dans mon esprit, & ce fut peut-être l'obligation où je me crus de l'en éloigner, qui m'empêcha d'en former d'autres ausquelles j'aurois pû trouver plus de raisons de m'arrêter. Je pensai confusément, & sans oser me l'avouer à moi-même, que la présence continuelle de ce jeune homme m'ôteroit la liberté d'être seul avec Théophé; mais étant résolu dans le fond de m'en tenir religieusement à toutes mes promesses, je ne roulai quelque tems cette idée que pour la rejetter.

Synese (c'étoit le nom du jeune Condoidi) apprit avec beaucoup de joie ce que l'estime & l'inclination me faisoient entreprendre pour sa sœur. Il n'en marqua pas moins de la résolution où j'étois de le faire vivre avec elle, & de leur faire recevoir les mêmes instructions. Je le fis partir dès le même jour pour Oru, avec tout ce que je destinois à l'amusement de Théophé. Leur Pere qui sçavoit enfin que je m'étois attaché son fils, & qui étoit déja venu pour m'en faire des remercimens, reparut chez moi sur l'avis que Synese lui fit donner de mon arrivée. Il me reconnut avec étonnement, & je fus persuadé par son embarras que Synese avoit eu la fidélité, suivant mes ordres, de lui cacher le nœud de cette avanture. J'avois voulu tout à la fois & me faire un amusement de sa surprise, & profiter de ses premiéres impressions pour renouveller mes instances en faveur de Théophé. Mais je perdis la seconde de ces deux espérances, lorsque cet obstiné Vieillard m'eût déclaré nettement que sa Religion & son honneur lui défendoient de reconnoître une fille qui avoit été élevée dans un Sérail. L'offre même que je lui fis de lever tous les obstacles, en me substituant aux devoirs paternels, ne parut pas l'ébranler. Il demeura si infléxible que dans le ressentiment que j'en eus je lui déclarai qu'il pouvoit se dispenser de revenir chez moi, & que je ne recevrois pas volontiers ses visites.

Je ne retournai à Oru que le lendemain. L'impatience de revoir Théophé étoit un sentiment que je ne me dissimulois pas : mais ayant abolument renoncé à toutes les prétentions que j'avois eues sur elle, je ne pensois pas non plus à m'interdire un penchant honnête, qui pouvoit s'accorder avec ses idées de sagesse & avec tous mes engagemens. Cette espéce de liberté que j'accordois à mon cœur m'empêchoit de sentir tout ce qu'il m'en auroit déja coûté, si j'avois entrepris de le contraindre. Je trouvai Synése avec elle, tous deux dans la premiére ardeur de leurs exercices, & presqu'également sensibles à l'attention que j'avois eue de les faire vivre enfemble. J'admirai dans Théophé un air de tranquillité qui fembloit avoir augmenté fa fraîcheur naturelle, & qui étoit déja l'effet de la fatisfaction de fon cœur. Je voulus fçavoir de Bema quel ufage elle avoit fait de l'autorité que je lui avois accordée dans ma Maifon. Cette Efclave, qui étoit piquée au fond d'en avoir elle-même fi peu, n'ofa me dire encore que fa Maîtreffe en eût abufé ; mais elle répéta toutes les raifons qu'elle m'avoit déja apportées pour me le faire craindre. La caufe de fon zéle étoit fi vifible, que je la priai en foûriant d'avoir moins d'inquiétude. Elle s'étoit attendue, fur quelques explications de ceux qui l'avoient achetée pour moi, que je lui donnerois une efpéce d'empire fur Théophé, & cette marque de confiance qu'elle avoit obtenue dans quelque Sérail, étoit le fouverain dégré de diftinction pour une Efclave. Je lui déclarai que les ufages des Turcs n'étoient point une régle pour un François, & que nous avions les nôtres, dont je lui confeillois de profiter elle-même pour la douceur de sa vie. Si elle n'eut point la hardiesse de se plaindre, elle prit peut-être dès ce noment un dégoût pour Théophé & pour moi, dont elle ne trouva que trop aisément l'occasion de nous faire ressentir les marques.

Les affaires de mon Emploi me laissant plus de liberté que je n'en avois eue depuis long-tems, je pris le prétexte de la belle Saison, pour faire un séjour de quelques semaines à la Campagne. J'avois appréhendé d'abord que Théophé n'usât trop rigoureusement de l'offre que je lui avois faite de me priver de la voir. Mais croyant remarquer au contraire qu'elle prenoit plaisir à mon entretien, je m'oubliois près d'elle pendant des jours entiers, & j'apprenois dans cette familiarité à connoître de plus en plus toutes les perfections dont la nature avoit orné son caractére. Ce fut de moi-même qu'elle reçut les premiéres leçons de notre Langue. Elle y fit des progrès surprenans. Je lui avois vanté les fruits qu'elle en pourroit tirer

R iiij

par la lecture, & son impatience étoit de se voir à la main un livre françois qu'elle pût entendre. Je n'en avois pas moins qu'elle, & je satisfaisois d'avance une partie de la sienne, en lui traçant des images imparfaites de ce qu'elle devoit trouver avec plus de méthode & d'étendue dans nos bons Ecrivains. Il ne m'échappoit rien qui eût rapport à mes sentimens. La douceur de la voir, & celle de l'entendre étoient des plaisirs innocens dont j'étois comme enivré. J'aurois appréhendé de diminuer par quelque retour de foiblesse la confiance qu'elle m'avoit rendue ; & ce qui me paroissoit surprenant à moi-même, je me sentois si peu tourmenté par cette chaleur de tempéramment qui rend quelquefois la privation de certains plaisirs assez difficile à l'âge où j'étois, que je me les retranchois sans peine, & même sans réfléxion, quoique je ne me fusse point imposé jusqu'alors des loix fort étroites à l'égard des femmes, sur tout dans un Pays où les besoins de la nature semblent augmenter avec la liberté de les satisfaire. En réfléchissant depuis sur la cause de ce changement, j'ai conçû que les facultés naturelles qui sont la source des désirs, prennent peut-être un autre cours dans un homme qui aime, que dans ceux qui n'ont pour tout aiguillon que la chaleur de l'âge. L'impression que la beauté fait sur tous les sens divise l'action de la nature. Et ce que je nomme les facultés naturelles, pour éloigner des idées qui paroîtroient sales, remonte ainsi par les mêmes voies qui l'ont apporté dans les réservoirs ordinaires, se mêle dans la masse du sang, y cause cette sorte de fermentation ou d'incendie, en quoi l'on peut faire consister proprement l'amour, & ne reprend la route qui le fait servir à l'acte du plaisir, que, lorsqu'il y est rappellé par l'exercice.

Le Sélictar venoit troubler quelquefois cette vie délicieuse. J'avois préparé mon Eléve à ses visites, & voulant même l'accoutumer à regarder la société des hommes d'un autre oeil que les femmes Turques, qui ne s'imaginent point qu'il y ait de commerce avec eux sans amour, je lui avois recommandé de recevoir avec politesse un homme dont l'estime lui faisoit honneur, & dont la tendresse ne devoit plus lui causer d'inquiétude. Il avoit répondu à l'opinion que j'avois de lui, par une conduite si modeste qu'elle me causoit de l'admiration pour ses sentimens. Il me devint assez difficile d'en comprendre la nature ; car la seule voie qui lui avoit pu donner quelqu'espérance de les satisfaire, étant fermée désormais par ses propres conventions autant que par le refus de Théophé, il n'avoit rien à se promettre de l'avenir, & le présent ne lui offroit que le simple plaisir d'une conversation sérieuse, qui n'étoit pas même aussi longue qu'il l'auroit souhaité. Théophé, qui avoit la complaisance de le recevoir aussi souvent qu'il venoit à Oru, n'avoit pas toujours celle de s'ennuyer avec lui, lorsqu'il y demeuroit trop long-tems. Elle nous quittoit pour aller reprendre ses exercices avec son frere, & j'essuyois dans son absence le récit de tous les tendres sentimens du Séliétar. Comme il n'avoit plus de projet formé, & qu'il se réduisoit à des témoignages vagues de son admiration & de son amour, je me persuadai à la fin que m'ayant entendu parler souvent de cette maniére fine d'aimer, qui consiste dans les sentimens du cœur, & qui est si peu connue de sa Nation, il y avoit pris assez de goût pour en faire l'essai. Mais comment concevoir aussi qu'il se bornât au plaisir d'exercer son cœur par des sentimens tendres, sans marquer plus de chagrin & d'impatience de ne pouvoir obtenir le moindre retour?

Ces doutes ne m'empêchoient pas de le voir avec d'autant moins de peine que la comparaison que je faisois de son sort au mien me sembloit toujours flateuse pour les dispositions où je m'entretenois secretement. Mais je fus moins tranquille après une autre découverte que je ne dus point à mes propres soins, & qui précipita celle de plusieurs intrigues qui ont jetté beaucoup d'amertume dans la suite de ma vie. Il y avoit environ six semaines que je faisois ma demeure à Oru, & qu'étant témoin sans cesse de ce qui se passoit dans ma Maison, j'étois charmé de la paix & du contentement que j'y voyois régner. Synese étoit constamment avec Théophé; mais je ne la quittois pas plus que lui. Je n'avois rien remarqué dans leur liaison qui blessât l'opinion que j'avois qu'ils étoient du même sang, ou plutôt n'ayant pas le moindre doute qu'ils ne fussent enfans du même pere, il n'avoit pû me tomber dans l'esprit aucune défiance de leur familiarité. Synese que je traitois avec la tendresse qu'on a pour un fils, & qui s'en rendoit digne en effet par la douceur de son caractére, vint un jours me trouver seul dans mon appartement. Après m'avoir tenu quelques discours indifférens, il tomba sans affectation sur la difficulté que son pere faisoit de recomnoître Théophé, & prenant un langage qui me parut nouveau dans sa bouche, il me dit que malgré le plaisir qu'il trouvoit à se croire une sœur si aimable, il n'avoit pû se persuader sincérement qu'il fût son frere. Mon attention étant excitée par une déclaration à laquelle je m'attendois si peu, je lui laissai tout le tems de continuer. La confession du misérable qui avoit été exécuté par la sentence du Cady suffisoit, me dit-il, pour autoriser le refus de son pere. Quel intérêt un homme qui se voyoit menacé du supplice, auroit-il eu à dissimuler de qui Théophé étoit fille; & n'étoit-il pas clair qu'après avoir protesté que celle de Condoidi étoit morte avec sa mere, il n'avoit changé de langage que pour gagner le Juge par une offre infame, ou pour obtenir le délai de son châtiment ? Il n'en étoit pas plus vraisemblable, ajouta Synese, qu'une personne aussi accomplie que Théophé fût la fille de ce scélérat; mais elle ne pouvoit être non plus celle de Paniota Condoidi, & mille circonstances qu'il se souvenoit d'avoir entendu raconter dans sa famille, ne lui avoient jamais permis de s'en flater sérieusement.

Quoiqu'il ne manquât rien en apparence à la sincérité de Synese, un discours amené par lui-même,

& si contraire à l'inclination que je lui avois toujours vue pour Théophé me fit naître des soupçons extraordinaires. Je lui connoissois assez d'esprit pour être capable de quelque déguisement, & le proverbe du Séliétar sur la bonne foi des Grecs n'étoit pas sorti de ma mémoire. Je conclus tout d'un coup qu'il étoit arrivé quelque changement que j'ignorois dans le cœur de Synése, & que soit haine, soit amour, il ne voyoit plus Théophé du même œil. Il ne me parut pas fort à craindre, après cette ouverture, d'être la duppe d'un homme de son âge. Et prenant le parti au contraire de lui faire découvrir ses dispositions, sans qu'il s'en apperçût, je feignis d'entrer, plus facilement peut être qu'il ne s'y attendoit, dans les difficultés qu'il venoit de m'expliquer. Je n'ai pas plus de certitude que vous, lui dis-je, de la naissance de Théophé, & je pense après tout que s'il y a quelque témoignage à désirer là dessus, c'est celui de votre famille. Ainsi dès que vous vous accorderez tous à ne la pas reconnoître, il ne lui conviendroit pas d'infister un moment fur fes prétentions. Cette réponfe lui caufa une fatisfaction que je n'eus pas de peine à démêler. Mais lorfqu'il fe préparoit fans doute à confirmer ce qu'il m'avoit dit par quelque nouvelle preuve, j'ajoutai; fi vous êtes auffi perfuadé que vous le paroiffez, qu'elle n'eft pas votre fœur, non feulement je ne veux plus que vous lui donniez ce nom, mais je ferois fâché que vous vous trouvaffiez dans la néceffité de vivre plus long-tems avec elle. Vous retournerez ce foir à Conftantinople. Ce difcours le jetta dans un embarras que je pénétrai encore plus aifément que je n'avois démêlé fa joie. Je ne lui laiffai pas le tems de fe reconnoître : comme vous avez dû comprendre, ajoutai-je, que c'eft la confidération que j'ai pour elle qui m'a porté à vous recevoir chez moi, vous devez prévoir que je ne vous garderai pas long-tems, lorfque je n'ai plus cette raifon de vous y retenir. Ainfi je vais donner ordre qu'on vous reconduife ce foir chez votre pere.

J'avois dit tout ce que je croyois capable de me faire voir quelque jour dans le cœur de Synése. Je finis, sans paroître trop occupé de la contrainte où je le voyois ; & pour combler la mesure, je lui recommandai de faire honêtement ses adieux à Théophé, puisqu'il y avoit peu d'apparence qu'il la revît jamais. Après avoir changé vingt fois de couleur, & s'être déconcerté jusqu'à me faire pitié, il reprit timidement la parole pour me protester que ses doutes sur la naissance de sa sœur ne diminueroient ni l'estime ni la tendresse qu'il avoit pour elle ; qu'il la regardoit au contraire comme la plus aimable personne de son sexe, & qu'il se croyoit trop heureux de la liberté qu'il avoit eue de vivre avec elle ; qu'il ne perdroit jamais ces sentimens ; qu'il vouloit se faire une étude de les lui marquer toute sa vie, & que s'il pouvoit joindre la satisfaction de lui plaire à l'honneur qu'il avoit de m'appartenir, il n'y avoit point de condition contre laquelle il voulut changer la sienne. Je l'interrompis. Non seulement

ment je crus lire dans le fond de son cœur, mais cette chaleur qui ne me permettoit pas de me tromper sur ses sentimens, me fit naître une autre défiance qui mit beaucoup de trouble dans tous les miens. Frere, ou non, me dis-je à moi-même, si ce jeune homme est amoureux de Théophé, s'il a trompé jusqu'à présent mes yeux, qui me répondra que Théophé n'ait pas conçû pour lui la même passion, & qu'elle n'ait pas eu autant d'adresse pour la déguiser? Qui sçait même si ce n'est pas de concert qu'ils cherchent à se défaire d'un lien incommode, qui les empêche peut-être de se livrer à leur penchant? Cette idée, que toutes les circonstances étoient propres à fortifier, me jetta dans un accablement de chagrin dont je n'aurois pas réussi mieux que Synese à déguiser les apparences. Allez, lui dis-je, j'ai besoin d'être seul, & je vous reverrai tantôt. Il sortit. Mais dans le mouvement qui m'agitoit, j'eus soin d'observer s'il ne se rendoit pas directement chez Théophé, comme s'il y avoit eu quelque chose à conclure de l'empressement que je lui aurois supposé à lui aller rendre compte de notre conversation. Je le vis entrer tristement dans le Jardin, où je ne doutai point qu'il n'allât se livrer à la douleur d'avoir si mal réussi dans son entreprise; mais son trouble devoit être extrême, s'il surpassoit le mien.

Mon premier soin fut de faire appeller Bema, dont je ne doutois point que les observations ne pussent me procurer quelques lumiéres. Elle affecta de ne rien comprendre à mes questions, & je me persuadai à la fin qu'ayant toujours été dans l'opinion que Synese étoit frere de Théophé, elle ne s'étoit point apperçûe de leur liaison, parce que ses défiances ne s'étoient pas tournées de ce côté-là. Je résolus de m'expliquer avec Théophé, & de m'y prendre aussi adroitement que j'avois fait avec Synése. Comme j'étois sûr qu'il n'avoit pû la voir depuis qu'il m'avoit quitté, je la pressentis d'abord sur le dessein où j'étois de le rendre à sa famille. Elle en marqua beaucoup d'étonnement; mais lorsque j'eus ajouté que la seule raison du dégoût que je prenois pour lui étoit la difficulté qu'il faisoit de la reconnoître plus long-tems pour sa sœur, elle ne put s'empêcher de me laisser voir beaucoup de chagrin. Qu'il y a peu de fond, me dit-elle, à faire sur les apparences des hommes! Jamais il ne m'a marqué tant d'estime & d'amitié que ces derniers jours. Cette plainte me parut si naturelle, & les réfléxions qu'elle y joignoit sur son sort sentoient si peu l'artifice, que revenant tout d'un coup de mes soupçons je passai aussi-tôt à l'extrêmité de la confiance. Je suis porté à croire, lui dis-je, que vous lui avez inspiré de l'amour. Il est importuné d'un titre qui ne s'accorde point avec ses sentimens. Théophé m'interrompit par des exclamations si vives que je n'eus pas besoin d'autre preuve pour me confirmer dans l'opinion que je prenois d'elle. Que m'apprenez-vous? Quoi? me dit-elle, vous lui croyez pour moi d'autres sentimens que ceux de l'amitié fraternelle? A quoi m'avez-vous exposée? Et me

S ij

racontant avec une naiveté surprenante tout ce qui s'étoit passé entr'elle & lui, elle me fit un détail dont chaque mot me fit trembler. Sous le nom de frere, Synese avoit obtenu d'elle des caresses & des faveurs qui avoient dû rendre sa situation délicieuse en qualité d'Amant. Il avoit eu l'adresse de lui persuader que c'étoit un usage établi entre les freres & les sœurs de se donner mille témoignages d'une tendresse innocente, & sur ce principe il l'avoit accoutumée non seulement à vivre avec lui dans la plus étroite familiarité, mais à souffrir qu'il satisfît continuellement sa passion pour l'usage qu'il faisoit de ses charmes. Ses mains, sa bouche, son sein même avoient été comme le domaine de l'amoureux Synese. Je tirai successivement tous ces aveux de Théophé, & je ne m'en rassûrai sur d'autres craintes que par la sincérité même avec laquelle je lui entendois avouer tout ce qu'elle regretoit d'avoir accordé. Mes projets de sagesse ne purent me défendre du plus amer sentiment que j'eusse encore éprouvé. Ah! Théophé, lui dis-je, vous n'avez pas pitié du mal que vous me causez. Je me fais une violence mortelle pour vous laisser Maîtresse de votre cœur; mais si vous l'accordez à un autre, votre dureté causera ma mort.

Il ne m'étoit jamais arrivé de lui parler avec cette ouverture. Elle en fut frappée elle-même jusqu'à rougir. Et baissant ses yeux, vous ne me rendrez point coupable, me dit-elle, d'une faute qui ne peut être attribuée qu'à mon ignorance; & si vous avez de moi l'opinion que je veux mériter, vous ne me soupçonnerez jamais de faire pour un autre ce que je n'ai pas fait pour vous. Je ne repondis rien à ce discours. Ce sentiment douleureux qui m'occupoit encore me rendoit rêveur & taciturne. Je ne voyois rien d'ailleurs dans la réponse de Théophé qui satisfît assez mes désirs, pour m'applaudir de les avoir enfin déclarés. Qu'avois-je à espérer, si elle demeuroit ferme dans ses idées de vertu, & que me convenoit-il de prétendre, si elle les avoit oubliées en faveur de Synese? Cette réfléxion, ou plutôt l'indifférence que je croyois voir dans sa réponse, renouvellant toute mon inquiétude, je la quittai, d'un air moins tendre que chagrin, pour aller commencer par me délivrer de Synese.

Il étoit revenu du Jardin; & lorsque je donnai ordre qu'on l'appellât, j'appris qu'il étoit dans mon appartement. Mais je reçus en même tems des avis de Constantinople qui me jetterent dans des allarmes beaucoup plus sérieuses pour quelques-uns de mes meilleurs amis. On me faisoit sçavoir par un Exprés que l'Aga des Janissaires avoit été arrêté la veille, sur quelques soupçons qui ne regardoient pas moins que la vie du Grand-Seigneur, & qu'on craignoit le même sort pour le Sélictar & le Bostangi Bassi, qui passoient pour ses meilleurs amis. Mon Secretaire, de qui je recevois ces nouvelles, y joignoit ses propres conjectures. Dans le dégré de puissance & d'autorité dont le Bostangi Bassi jouissoit au Sérail du Grand-Seigneur, il doutoit, m'écrivoit-il, qu'on osât rien entreprendre contre sa personne ; mais il n'en étoit que plus persuadé qu'on n'épargneroit pas ses amis, parmi lesquels le Sélictar, Chériber, Dély Azet, Mahmouth Prelga, Montel Olizun, & plusieurs autres Seigneurs avec lesquels j'étois lié comme lui, tenoient le premier rang. Il me demandoit là-dessus, si je n'entreprendrois rien en leur faveur, ou si je ne pensois pas du moins à leur offrir quelque secours particulier contre le péril qui les menaçoit. La seule entreprise que j'eusse à former pour leur être utile, consistoit dans les sollicitations que je pouvois faire auprès du Grand-Visir ; mais s'il étoit question d'un intérêt d'Etat, je prévoyois qu'elles ne seroient pas fort écoutées. Mon secours avoit un sens plus étendu. Outre les moyens de fuir que je pouvois leur procurer facilement, il m'étoit aisé de rendre à quelques-uns d'entr'eux le même service que mon Prédécesseur n'avoit pas fait difficulté de rendre à Mahomet Oftun, c'est-à-dire, de les revoir secretement chez moi jusqu'à la fin de l'orage ; & dans un Pays où les ressentimens se dissipent après leur première chaleur, le danger n'est jamais grand pour ceux qui sçavent d'abord l'éviter. Cependant les devoirs de mon Emploi ne me laissant pas toujours la liberté de me livrer sans précaution aux mouvemens de l'amitié, je pris le parti de retourner promptement à Constantinople, pour m'assurer des événemens par mes propres yeux.

Mais, en lisant mes Lettres, j'avois apperçu Synese, qui étoit effectivement à m'attendre, & dont la contenance timide sembloit m'annoncer quelque nouvelle Scéne. Il prévint les reproches dont j'allois l'accabler. A peine m'eut-il vu finir ma lecture que se jettant à mes genoux, avec un air d'humiliation qui ne coute pas beaucoup aux Grecs, il me conjura d'oublier tout ce qu'il m'avoit dit de la naissance de Théophé, & de lui permettre de vivre à Oru avec plus de disposition que jamais à la reconnoître pour sa sœur. Il ne comprenoit pas, ajouta-t-il, par quel caprice il avoit pu douter un moment d'une vérité dont il sentoit

toit le témoignage au fond de son cœur, & malgré l'injustice de son pere il étoit résolu de soutenir publiquement que Théophé étoit sa sœur. Je n'eus pas de peine à pénétrer l'adresse du jeune Grec. N'ayant tiré aucun fruit de son artifice, il vouloit se conserver du moins les plaisirs dont il étoit en possession. Ils ne lui causoient pas beaucoup de remords, puisqu'il en avoit joui si long-tems avec cette tranquillité, & c'étoit apparemment pour les pousser plus loin qu'il avoit pensé à se délivrer de l'incommode qualité de frere. Mais il vit toutes ses espérances ruinées par ma réponse. Sans lui reprocher son amour, je lui dis que la vérité étant indépendante de son consentement ou de son désaveu, ce n'étoit pas le discours qu'il m'avoit tenu, ni la légereté avec laquelle je le voyois changer de langage, qui régleroit mes idées sur la naissance de sa sœur ; mais que j'en tirois une conclusion plus infaillible pour la certitude de ses propres sentimens ; qu'en vain la bouche se rétractoit, quand le cœur s'étoit expliqué ; &

I. Partie. T

que pour lui apprendre en un mot ce que je penſois de lui, je le regardois comme un lâche, qui s'étoit reconnu pour le frere de Théophé, qui avoit déſavoué ce titre, & qui s'offroit à le reprendre par des raiſons beaucoup plus mépriſables que celles de ſon pere. J'avoue que c'étoit à mon reſſentiment que j'accordois cette eſpéce d'injure. Enſuite lui défendant de répliquer, j'appellai un de mes Gens, à qui je donnai ordre de le reconduire ſur le champ à Conſtantinople. Je le quittai, ſans faire attention à ſon chagrin; & m'étant ſouvenu ſeulement de la permiſſion que je lui avois donnée de faire ſes adieux à ſa ſœur, je la retractai, par une défenſe abſolue de lui parler avant ſon départ.

Me repoſant ſur mes gens de l'exécution de mes ordres, je remontai auſſi-tôt dans ma Chaiſe, que j'avois fait préparer après avoir lû mes Lettres, & j'allai prendre de nouvelles informations chez moi, avant que de rien entreprendre en faveur de mes amis. Le crime du Chef des Janiſſaires étoit d'avoir vû dans sa Prison *Ahmet*, l'un des freres du Sultan *Mustapha*. On soupçonnoit le Bostangi Bassi de lui avoir facilité cette visite, & l'on en vouloit tirer le secret de l'Aga. Comme il étoit mal depuis quelque tems avec le Grand-Visir, on ne doutoit point que ce Ministre intéressé à sa perte ne le poussât sans ménagement; & ce qui me causa le plus de chagrin fut d'apprendre que Chériber venoit d'être arrêté avec Dely Azet, par cette seule raison qu'ils avoient passé chez l'Aga une partie du jour qui avoit précédé son crime. J'aurois volé sur le champ chez le Grand Visir, si je n'avois consulté que mon amitié pour Chériber. Mais n'espérant pas beaucoup d'effet d'une sollicitation vague, je crus servir mieux mon ami en voyant d'abord le Sélictar avec qui je pouvois prendre des mesures plus justes. Je me rendis chez lui. Il en étoit sorti, & la tristesse que je vis régner dans sa maison me persuada qu'on y étoit fort allarmé de son absence. Un Esclave, pour qui je lui connoissois de la confiance, vint me dire secrétement que son Maître étant parti avec beucoup de précipitation à la premiére nouvelle qu'il avoit eue de l'enlévement de Chériber, il ne doutoit pas que le malheur de son ami ne l'eût porté à se mettre à couvert par la fuite. Ma réponse fut qu'il ne devoit pas différer un moment cette précaution, s'il étoit encore à la prendre, & je ne fis pas difficulté de charger l'Esclave de lui offrir de ma part une retraite dans ma maison d'Oru, à la seule condition qu'il s'y rendroit la nuit & sans suite. Outre l'exemple de mon prédécesseur, j'avois celui du Bacha Réjanto, qui s'étoit fait une réputation immortelle pour avoir donné une retraite au Prince Démetrius Cantemir. D'ailleurs, il n'étoit pas question de dérober un Criminel au châtiment, mais de mettre un galant homme en sûreté contre d'injustes soupçons.

Cependant, comme je ne me trouvois pas plus avancé dans les services que je voulois rendre à mes amis, je pris le parti de voir quelques Seigneurs Turcs de qui je pouvois espérer du moins plus d'information. Le bruit commençoit à se répandre que l'Aga des Janissaires, après avoir fait sa confession au milieu des supplices, avoit déja perdu la vie par le cordon des Muets. On auguroit bien pour le Séliétar du délai qu'on avoit apporté à le faire arrêter, & je n'entendis point qu'on lui attribuât d'autre crime que son amitié pour l'Aga. Mais Chériber & Dely Azet me parurent si menacés par la voix publique, que dans l'inquiétude dont je fus pressé pour deux de mes meilleurs amis, je ne vis plus de considération qui fût capable de m'arrêter. Je me rendis chez le Grand Visir. Ce n'étoit point par des motifs recherchés que je prétendois faire écouter ma recommandation dans une affaire d'Etat. Je ne fis valoir que la tendresse de mon amitié, & prenant soin d'excepter le cas où mes deux amis se feroient chargés de quelque faute dont je ne les croyois pas capables, je conjurai le Visir d'accorder quelque chose à mes instances. Il m'écouta d'un air sérieux. Vous devez être persuadé, me dit-il, que la Justice du Grand Seigneur n'est pas aveugle, & qu'elle sçait mettre de la distinction entre le crime & l'innocence. N'appréhendez rien pour vos amis, s'ils n'ont rien à se reprocher. Il ajouta que ma recommandation néanmoins ne seroit jamais sans poids à la Porte, & qu'il me promettoit que les deux Bachas s'en ressentiroient. Mais éclatant de rire aussi-tôt, il me dit que le Séliétar devoit la croire bien puissante, puisque la crainte lui avoit fait chercher un azyle dans ma maison. Je ne compris point le sens de cette plaisanterie. Il continua sur le même ton, en affectant même de louer mon embarras, & mon silence, qu'il regardoit comme l'effet de ma discrétion. Mais lorsque je lui eus protesté dans les termes les plus clairs, que j'ignorois où le Séliétar s'étoit retiré, il m'apprit qu'ayant attaché des Espions sur ses traces, il sçavoit qu'il s'étoit rendu la nuit précédente à ma Maison d'Oru, avec si peu de suite qu'il ne paroissoit pas douteux que ce ne fût pour se tenir à couvert. Je ne le crois coupable de rien, ajouta-t-il, & je ne lui ferai pas un crime de ſes anciennes liaiſons avec l'Aga des Janiſſaires. Mais j'avois jugé à propos de le faire obſerver, & je ne ſuis point fâché qu'il ait eu aſſez de frayeur pour devenir un peu plus circonſpect dans le choix de ſes amis. Il me donna ſa parole, après ce diſcours, qu'il ne lui cauſeroit aucun chagrin chez moi; mais il me fit promettre de lui cacher ce qu'il m'apprenoit, pour laiſſer durer quelque tems ſon inquiétude.

Il ne me devint pas plus aiſé de comprendre que le Sélictar fût à Oru. J'en étois parti au milieu du jour. Quelle apparence qu'il y fût ſans ma participation, & qu'il eût engagé mes Domeſtiques à me faire un myſtére de ſon arrivée? Sa paſſion pour Théophé fut la premiére idée qui me vint à l'eſprit. Ne penſeroit-il pas moins à la ſureté de ſa vie qu'au ſuccès de ſon amour; & s'il étoit vrai, me dis-je à moi même, qu'il fût caché dans ma Maiſon depuis cette nuit, eſt-il vraiſemblable qu'il n'y ſoit pas de concert avec

Théophé ? Qu'on se forme l'idée qu'on voudra des sentimens que j'avois pour elle. Si l'on ne trouve point que je méritasse la qualité de son Amant, qu'on me regarde comme son Gardien ou comme son Censeur; mais le moindre de ces titres suffisoit pour m'inspirer une vive allarme. Je ne pensai qu'à regagner Oru. Je demandai, en arrivant, au premier Domestique qui se présenta, où étoit le Sélictar, & comment il se trouvoit chez moi sans ma connoissance. C'étoit celui que j'avois chargé de reconduire Synese. Quoique je fusse surpris de le trouver de retour sitôt, je conçus qu'il pouvoit l'être avec beaucoup de diligence; & ce ne fut qu'après qu'il m'eût assuré que le Sélictar n'étoit pas chez moi, que je lui demandai comment il s'étoit acquitté de mes ordres. Il est difficile qu'il n'eût pas laissé échapper quelque marque de confusion dans sa réponse; mais n'ayant aucune raison de m'en défier, je ne m'arrêtai point à remarquer de quel air il me répondit qu'il avoit remis Synese chez son pere. Cependant j'étois également trompé fur l'une & l'autre queftion ; avec cette différence, qu'il étoit de bonne foi fur la premiére, & qu'en répondant à la feconde, il avoit employé le menfonge pour me cacher une trahifon dont il étoit complice. En un mot, lorfque je demeurois perfuadé que le Séliƈtar n'étoit pas venu chez moi, & que Synefe en étoit parti, ils y étoient tous deux, & je l'ignorai pendant plufieurs jours.

Synefe avoit regardé l'ordre de fon départ comme l'arrêt de fa mort. N'ayant point d'autre reffource que l'adreffe pour fe difpenfer d'obéir, il avoit fait réfléxion que mes gens n'étoient point informés de mes motifs, & qu'il pouvoit efpérer de les faire confentir à le laiffer du moins à Oru jufqu'à mon retour. Enfuite craignant, comme il arrivoit, que je ne revinffe au moment qu'on m'attendroit le moins, il s'étoit réduit à gagner par un préfent confidérable le Laquais fur qui je m'étois repofé du foin de le conduire. Je ne fçais par quel prétexte il avoit coloré fa propofition ; mais après l'avoir mis dans ſes intérêts il avoit feint de partir avec lui, & ils étoient rentrés tous deux quelques momens après. Syneſe s'étoit renfermé dans ſa chambre, & le Laquais avoit reparu dans la Maiſon au bout de quelques heures, comme s'il étoit arrivé de la ville après avoir exécuté ſa commiſſion.

L'avanture du Séliƈtar étoit plus compoſée. On n'a point oublié que Bema étoit peu ſatisfaite de ſa condition, & que ſoit qu'elle fût piquée que je paruſſe manquer de confiance pour elle, ſoit que ſa vanité ſeule lui fît trouver qu'elle n'occupoit pas le rang qu'elle méritoit dans ma Maiſon, elle me regardoit comme un Etranger qui ne faiſoit pas aſſez de cas de ſes talens, & qu'elle ne pouvoit ſervir qu'à regret. Les viſites du Séliƈtar ayant été fréquentes elle avoit trop de pénétration pour n'avoir pas découvert les vûes qui l'amenoient. Son caraƈtére formé à l'intrigue par une longue expérience du Sérail, trouva de quoi s'employer agréablement dans ce qui pouvoit ſervir à la vanger. Elle s'étoit procuré l'occasion de parler au Séliǎar, & lui ayant offert ses services auprès de Théophé, elle étoit parvenue à lui persuader que son bonheur dépendoit d'elle. Les espérances qu'elle lui avoit données surpassoient beaucoup l'idée qu'elle en avoit elle-même ; car n'ignorant point les termes où j'en étois avec Théophé, elle ne pouvoit penser qu'il lui fût aisé d'en obtenir pour le Séliǎar ce qu'elle sçavoit qu'on ne m'avoit point accordé. Mais c'étoit sur cette connoissance même qu'elle se fondoit pour nourrir la foiblesse d'un Amant. Après l'avoir confirmé dans l'opinion où il avoit toujours été que je n'avois aucune liaison de galanterie avec mon Eleve, elle s'étoit flattée de connoître assez les inclinations & le tempéramment d'une fille de cet âge pour répondre qu'elle ne résisteroit pas éternellement au goût du plaisir, & la premiére promesse qu'elle avoit faite étoit fondée sur l'espoir de ne pas trouver de résistance.

Il est vrai qu'attachée sans cesse

autour de Théophé, & si habile d'ailleurs à gouverner son sexe, elle étoit plus redoutable dans cette entreprise que la chaleur même du tempéramment sur laquelle toutes les espérances du Séliétar étoient fondées. Cependant, quelque adresse qu'elle y eût employée, son projet devoit être peu avancé lorsque la disgrace de l'Aga des Janissaires avoit jetté la consternation dans l'esprit du Séliétar. Toutes ses craintes n'ayant pu diminuer sa passion, il avoit pressé d'autant plus Bema, que dans les incertitudes auxquelles il s'étoit d'abord livré, il avoit mis en délibération s'il ne devoit pas se sauver chez les Chrétiens avec tout ce qu'il pourroit recueillir de sa fortune, & qu'il l'auroit sacrifiée volontiers toute entière pour être accompagné de Théophé dans sa fuite. Mais l'intriguante Bema, qui n'avoit osé lui promettre un succès si prompt, s'étoit hazardée à lui proposer une retraite près de sa Maîtresse. Ma maison étoit réglée suivant nos usages, c'est-à-dire, que ne m'assujettissant pas même à celui des Turcs pour le logement des femmes, elles étoient distribuées indifféremment dans les chambres que mon Maître d'Hôtel leur avoit assignées. Celle de Bema joignoit l'appartement de Théophé. Ce fut dans ce réduit qu'elle offrit au Sélictar de lui donner un azyle. Elle lui en fit d'autant plus valoir la sûreté qu'ignorant moi-même le service qu'on lui rendoit dans ma maison, il ne devoit pas craindre que je fisse céder l'amitié à la politique, & que d'un autre côté je ne pouvois manquer d'être fort satisfait, après le péril, d'avoir été de quelqu'utilité pour mon ami. Il est bien moins étrange que cette pensée fût venue à l'esprit d'une femme exercée dans toutes sortes d'intrigues, qu'il ne l'est qu'un homme du rang du Sélictar puisse l'avoir approuvée. Aussi trouvai-je cet événement si extraordinaire, après en avoir découvert toutes les circonstances, que je le donnerois pour un exemple des plus hautes folies de l'amour, si ce motif n'avoit été fecondé dans le Sélictar par la crainte où il étoit pour fa vie.

Mais je puis ajoûter que la fierté des Turcs eſt la première choſe qui diſparoît dans l'adverſité. Comme toute leur grandeur eſt empruntée de celle de leur Maître, dont ils font profeſſion d'être les Eſclaves, il ne leur en reſte rien à la moindre difgrace; & dans la plûpart, les motifs d'orgueil ſont bien foibles quand ils ſont réduits au mérite perſonnel. Cependant je connoiſſois d'aſſez bonnes qualités au Sélictar pour le croire redoutable en amour, ſur tout près d'une femme élevée dans le même Pays, & dont le goût par conſéquent ne pouvoit être bleſſé de ce que nous trouverions dégoutant dans un Turc. Je ne parlai point à Théophé des idées qui m'avoient ramenés à Conſtantinople. Au contraire, me voyant d'autant plus libre avec elle que je me trouvois comme déchargé du fardeau qui m'avoit peſé ſur le cœur, je marquai dans notre entretien une satisfaction dont elle s'apperçut assez pour me demander ce qui causoit ma joie. C'étoit une occasion de lui répéter avec plus d'enjouement ce que je lui avois déclaré le matin d'un ton trop triste & trop langoureux. Mais autant qu'il étoit sûr qu'elle régnoit dans mon cœur, autant m'étoit-il encore incertain quel cours je devois laisser prendre à mes sentimens; & me retrouvant l'esprit libre depuis que j'étois délivré de mes craintes, j'eus assez de force pour retenir le mouvement qui me portoit à l'entretenir de ma tendresse. Aujourd'hui qu'en réfléchissant sur le passé, je juge peut-être beaucoup mieux qu'alors quelles étoient mes dispositions, il me semble que ce que je désirois secrétement étoit que Théophé eût pris pour moi une partie de l'inclination que j'avois pour elle, ou du moins qu'elle m'en eût laissé voir quelques marques; car j'étois encore porté à me flatter que j'avois plus de part que personne à son affection, mais retenu par mes principes d'honneur autant que par mes promesses, je n'aurois pas voulu devoir la conquête de son cœur à mes séductions; & ce que je désirois d'elle, mon bonheur auroit été qu'elle eût pari le souhaiter comme moi.

Fin du premier Livre.

www.ingramcontent.com/pod-product-compliance
Lightning Source LLC
Chambersburg PA
CBHW061957180426
43198CB00036B/1308